블랙 컨슈머
BLACK CONSUMER

이승훈

블랙 컨슈머

말썽 고객의 행동과 심리에 관한 비밀

BLACK CONSUMER

두 얼굴의 고객 어떻게 해결할 것인가

이승훈

북스페이스
BOOK SPACE

머리말

블랙 컨슈머에게 당해본 적 있는가?

　크리스마스를 앞둔 어느 새벽, 인터넷 최대 커뮤니티인 D 사이트 게시판에 문제의 사진이 조용히 올라왔다. 사진을 올린 사람도 댓글을 단 네티즌도 이 사진으로 세상이 그렇게 시끄러워질 줄 몰랐을 것이다. 쥐 한 마리가 통째로 들어 있는 식빵과 영수증 사진이었다. 밤 식빵 안에서 쥐가 나왔다는 것이다. 영수증은 유명 제빵 프랜차이즈 P브랜드의 대리점에서 발행된 것이었다. 이 소식은 삽시간에 인터넷 등을 통해 퍼져나갔다. 식빵 안에 적나라하게 모습을 드러낸 시커먼 물체는 쥐가 틀림없었다. 누가 봐도 구역질이 날 만한 사진이었다. 사람들은 어떻게 쥐가 식빵 안으로 들어갈 수 있었는지 놀라움을 금치 못했다. 게다가 1년 중 케이크가 가장 많이 팔린다는 크리스마스 대목에 발생한 사건이라 관련 제빵업계에 큰 타격을 주었다.

　문제의 사진은 누군가가 다른 사람의 아이디(ID)를 무단으로 도용해 올린 것이었다. 그 '누군가'는 P브랜드의 대리점 인근에 있는 경쟁 업체 T브랜드의 대리점 업주로 밝혀졌다. 수사가 진행되자 문제의 업주는 자신이 고의로 식빵에 쥐를 넣고 사진을 찍어 유포했다고 자백했다. 결국 1인 자작극으로 판명되고 말았지만 40만 개의 케이크가 팔리지 않은 채 폐기된 것으로 추정될 정도로 관련업계에 막대한 피해를 입혔다.

이렇게 물건을 구매하는 고객을 가장해 기업에 피해를 줄 목적으로 자작극을 벌이거나 과도한 보상금을 요구하는 사람을 '블랙 컨슈머'라고 부른다. 해당 기업뿐 아니라 일반 소비자에게도 피해를 주는 블랙 컨슈머는 '공공의 적'과 같은 존재이다. 기업에 근무하는 고객 서비스 담당자들은 블랙 컨슈머들 때문에 노이로제에 걸릴 지경이고 이로 인한 기업의 비용 손실과 피해는 장기적으로 또 다른 선의의 고객들에게 영향을 미칠 수밖에 없다. 공공의 적 블랙 컨슈머, 어떻게 다뤄야 할까?

블랙 컨슈머에 관한 최초의 책

이 책은 '블랙 컨슈머'의 특성을 분석하고 블랙 컨슈머로 인해 골머리를 앓는 기업에 해결책을 제시하는 책이다. 블랙 컨슈머가 등장하는 범죄 사례들은 최근 들어 언론 보도를 통해서도 대중적으로 많이 알려졌다. 하지만 어떤 사람들이 블랙 컨슈머인지, 블랙 컨슈머의 특징적인 행동은 어떠한

지, 특히 기업 입장에서는 블랙 컨슈머를 어떻게 다뤄야 하는지에 관한 체계적인 연구는 찾아보기 힘들다. 피해에 대한 분석도 마찬가지이다. 블랙 컨슈머가 기업과 일반 소비자 모두에게 피해를 입힐 것이라고는 누구나 생각하지만 구체적인 사례들이 알려지지 않다 보니 블랙 컨슈머가 시장에 미치는 영향 역시 그저 막연히 부정적일 것이라고 짐작할 뿐이었다. 기업 입장에서는 블랙 컨슈머로 인한 피해 사례를 공개하는 것이 그리 간단치만은 않은 문제일 것이다. 이 책은 바로 이런 문제의식에서 출발한다. 실제로 고객 서비스 담당자들을 대상으로 조사한 결과는 놀라웠다. 블랙 컨슈머로 인한 기업과 다른 선의의 소비자들의 피해는 예상보다 심각했다. 하지만 이러한 피해가 발생했을 때 참고할 만한 사례분석이나 관련 서적이 거의 없는 실정이다. 그렇다 보니 원인 파악 단계부터 우왕좌왕하며 해결방법을 찾지 못하고 고객 탓만 하는 경우가 대부분이었다.

책의 구성

1부에서는 다양한 사례 연구를 통해 블랙 컨슈머의 특징과 문제점을 하나씩 구체화하고, 그 발생 원인을 살펴본다. 블랙 컨슈머 현상의 숨겨진 위험인 감정노동 스트레스와 소셜 네트워크 서비스를 교묘히 이용하는 블랙 컨슈머의 문제점, 그리고 마케팅 담당자라면 반드시 알고 있어야 할 새로운 소비 트렌드인 윤리적 소비에 관한 내용도 1부에서 함께 다룬다.

2부는 기업의 입장에서 바라보는 블랙 컨슈머이다. 구체적으로 블랙 컨슈머에 대한 기업의 적절한 대응 방법, 대응 매뉴얼 작성 방법, 법적인 조치, 소비자기본법, 제조물책임법 등 관련 법률 등에 관해 설명하였다. 특히 고객 서비스 담당자들이 즉시 실무에 활용할 수 있도록 쉽게 설명하는 데 주력했다.

도움을 주신 분들

이 책을 쓰는 데에 도움을 주신 여러 기업의 고객만족실/소비자보호팀 담당자 분들께 깊이 감사드린다. 블랙 컨슈머 관련 사례들이 회사 입장에서는 기밀에 속하는 사안인 만큼 기업명과 담당자 이름을 밝히지 못해 죄송스럽다. 모방범죄의 우려가 큰 사례 중 언론에 공개되지 않았던 사례들은 이 책에도 수록하지 않았다.

추천사를 써주신 중소기업연구원의 김익성 박사님께 감사드리며, 책 쓰는 내내 훌륭한 파트너가 되어 주었던 아내 김영순 박사와 늘 행복을 주는 딸 윤재에게 고마움을 전한다. 책의 완성도를 높이는 데 유용한 조언을 해준 분들과 SRM(Smart Risk Management)회원님 께도 깊이 감사드린다.

　마지막으로 덧붙일 것은, '블랙 컨슈머'의 문제점에 관한 논의가 자칫 일반 소비자의 정당한 민원 제기까지 움츠리게 해서는 안 된다고 생각한다. 소비자단체의 활동과 언론의 소비자 고발 프로그램들은 건전한 소비자 문화를 형성하는 데 큰 역할을 했고 기업이 소비자를 존중하여 좋은 제품을 생산하는 데에도 큰 영향을 미쳤다. 이 책 역시 블랙 컨슈머 문제를 있는 그대로 바르게 알려서 소비자의 건전한 권리 행사를 돕고 기업의 악덕 소비자 문제 해결에 도움이 되기를 바란다.

2011년 가을
이승훈

※주의!
이 책에 나온 사례를 따라하지 마십시오.
형사처벌을 받게 됩니다.

블랙 컨슈머에 대한 최초의 차별화된 연구

경영학박사 김익성
중소기업연구원 / 판로유통연구실장

저자 이승훈은 이 책의 법률 감수를 맡은 김영순 변호사(현 국립제주대 법학전문대학원 교수)를 통해 알게 되었다. 김 교수는 기업법률 전문 변호사이면서 조세법 박사학위를 취득한 세법 분야의 권위 있는 학자이다. 본인과는 오랜 기간 동안 연구포럼활동을 해온 동료이기도 하다. 저자 이승훈은 IT회사의 기획팀, 기업 법무팀 등 다양한 경력을 통해 자신의 인생을 다채로운 스토리로 각색해 살아가는 컨설턴트이다. 중소기업연구원이란 한 직장에서 한 우물을 파며 살아가는 나로서는 그의 용기가 참으로 부럽기까지 하였다.

저자는 공학도 출신이면서 e-마케팅, 기업법률자문 및 경영컨설팅분야에서 강사와 컨설턴트로 활약하고 있는 다양한 이력의 소유자이다. 그런 측면에서 그의 해박한 지식과 다양한 경험 그리고 타고난 필력과 분석력이 본서의 가치를 더욱 빛나게 하고 있다. 누군가에게는 실행에 옮기지 못한 꿈이기도 한 프리랜서로 살아가는 그의 용기 있는 선택에 응원을 보내며 그가 앞으로 또 어떤 모습을 보여줄지 기다려진다.

본인도 오랫동안 중소기업 판로유통 분야의 연구자로 재직하면서 블랙 컨슈머에 대한 문제점을 인식하고는 있었지만, 이를 체계적으로 연구하여 기업전략으로 활용해보겠다는 구체적인 생각은 솔직히 해보지 못했다. 그러던 차에 저자가 놀랄 만한 반가운 소식을 전해온 것이다. 판로유통 분야에서는 생소한 제목의 책을 집필한 저자가 책의 가치를 한번 판단해 달라는 도전적 요청을 해온 것이다. 정말 흥미로움 속에 진지하고 재미있게 읽었다.

본서의 1부에서는 블랙 컨슈머에 대한 어원 정의에서부터 등장배경, 다양한 국내외 사례와 특징 그리고 이의 문제점과 이들의 법적 처벌방안들에 관해 독자들이 쉽고 재미있게 이해할 수 있도록 설명하고 있다. 2부에서는 블랙 컨슈머의 새로운 진화형태와 기업의 대응전략들을 다양한 실제 사례와 통상적인 기업 현황과 대조해가며 실제 적용할 수 있도록 구체적 방안을 제시한다. 마지막에서는 기업 고객담당자들이 알아두어야 할 소비자기본법과 제조물책임 그리고 리콜제도에 대한 설명을 통해 기업의 지속가능한 경영을 유도하고 있다. 존경받는 고객의 모습도 제시함으로써 판로유통 기업들이 가져야 할 사회적 책임의식과 윤리적 마케팅관리방안도 우회적으로 제시하고 있다.

본서는 블랙 컨슈머라는 악성 소비자들에 대한 차별화된 연구로서 학계나 연구계로 하여금 이들 분야에 새로운 탐구심을 가질 수 있도록 하는 계기를 마련해주었다는 점에서 특별한 의의를 찾을 수 있다. 뿐만 아니라 본서는 관련 산업 분야에서도 이들 악성소비자들에 대한 새로운 대응전략을 마련하게 함으로써 이를 적절히 활용할 수 있게 한다는 점에서 그 기여가치가 높다 할 것이다. 기업의 고객 담당/민원 담당 부서에서 근무하는 사람들에게 실질적인 도움이 될 수 있는 책이라고 생각하여 추천하는 바이다.

목차

머리말 • 4
추천의 글 • 8

PART 1

Case 1
그들은 어떻게 보상금을 받았을까?

01 전자레인지에 익힌 휴대전화, 보상금 500만 원 • 19
02 크리스마스의 악몽 '쥐 식빵' 사건 • 24
03 특급호텔 레스토랑에서 공짜로 식사하는 사람들 • 28
04 원조 블랙 컨슈머 - 보험 사기꾼 • 32
05 변호사를 등친 할머니 블랙 컨슈머 • 36
06 평창 주유소에서 무슨 일이? • 38
07 가전제품 환불로 6억 원을 챙긴 블랙 컨슈머 일당 • 43
08 일본의 블랙 컨슈머 사례 • 46
09 미국 웬디스 칠리 수프에서 손가락이 나온 사례 • 49

Case 2
블랙 컨슈머란 무엇인가?

01 블랙 컨슈머의 출현 • 53
02 Black Consumer는 흑인 소비자? • 57
03 기업들, 고객의 부당한 요구에 괴롭다 • 64
04 블랙 컨슈머가 일으키는 피해 • 67
05 단번에 알아보는 블랙 컨슈머의 특징 • 74

Case 3
블랙 컨슈머, 왜 생겨날까?

01 블랙 컨슈머의 몇 가지 발생 원인 • 81

개인적 성향 | 소비환경 변화 | 생계형 범죄의 유혹 | 언론보도

입소문 마케팅의 역효과 | 인터넷의 정보 과잉 | 기업의 부적절한 대응

02 소비자 문제행동 원인 분석 • 95

03 범죄심리학적 측면 • 98

Case 4
블랙 컨슈머의 감춰진 위험 – 감정노동 스트레스

01 감정노동 스트레스 • 102

02 감정노동(Emotional Labor)이란? • 105

03 보이지 않는 위험 • 111

Case 5
블랙 컨슈머로 오해받지 않는 방법 • 113

Case 6
SNS로 진화하는 블랙 컨슈머 • 124

Case 7
착한 소비를 원하는 소비자들과 블랙 컨슈머 • 135

PART 2

Case 8
기업의 블랙 컨슈머 대응 전략

01 어떻게 하면 해결할 수 있을까? • 147
02 고객 유형에 따른 대응 방법 • 165
03 블랙 컨슈머의 발생 예측 – 하인리히 법칙 적용 • 173
04 맡은 업무의 클레임 통계를 분석 • 177
05 참치 캔에서 왜 칼날이 나왔지? • 180
06 주유소의 혼유 사고 해결방법 • 184
07 S-그래프의 비밀 • 187
08 대응 매뉴얼 작성 방법 • 190
09 원칙적 대응이 어렵다 • 201

Case 9
위기관리 커뮤니케이션이 필요하다

01 왜 타이레놀에 청산가리가 들어갔을까? • 206
02 멜라민? 멜라닌? 전문가도 헛갈린다 • 214
03 식빵에서 쥐가 발견된 사건의 위기관리 • 217

Case 10
블랙 컨슈머를 처벌할 수 있는 방법

01 민사적 대응방법 • 222
    손해배상 청구 | 위자료 금액은 얼마나 될까? | 과실상계가 뭐지?

02 형사적 처벌 방법 • 230

고소하는 방법 | 블랙 컨슈머를 처벌할 수 있는 범죄유형

03 기타 • 249

고소를 잘못했다가 무고죄에 걸리면 어떡하지?

미안하다고 말하면 모든 책임을 져야 하는 것일까?

1인 시위

Case 11
고객 서비스 담당자들이 알아야 할 3가지

01 소비자기본법 • 253
02 리콜제도 • 257
03 제조물책임법 • 260

에필로그 – 세 벽돌공 이야기 • 267
참고문헌 • 270

PART 1

Case 1

그들은 어떻게 보상금을 받았을까?

01
전자레인지에 익힌 휴대전화, 보상금 500만 원

2010년 5월, 서울시 종로구에 사는 이정식(가명) 씨는 운동을 하고 집에 돌아왔을 때 방 안에 불이 난 것을 발견했다. 휴대전화를 충전시켜놓고 운동을 하러 다녀왔는데 돌아와 보니 휴대전화에서 불이 나 방 안으로 번지고 있었다는 것이다. 이 씨는 급하게 불을 끄고 소비자 단체에 연락했다. 휴대전화 충전 중에 배터리가 폭발했다며 휴대전화 제조업체의 고객 서비스(A/S) 센터에도 연락을 취했다. 하지만 고객 서비스 센터와 본사로부터는 만족할 만한 답변을 들을 수 없었다. 이 씨는 '폭발 사고도 있을 수 없는 일이지만 휴대전화 제조업체의 본사에서 A/S센터 말단 직원에게 책임을 떠넘기는 행태'에 분노했다. 불만을 가진 이 씨는 불에 탄 휴대전화 사진을 인터넷 사이트 게시판에 올렸다. 그제야 휴대전화 제조업체는 망가진 휴대전화를 수거하겠다고 이 씨에게 연락을 해왔다. 소동이 확산되는 것을 원치 않았던 제조업체 측은 이 씨에게 약 500만 원의 피해 보상금을 지급한 것으로 알려졌다.

그러나 이 씨는 '소비자가 무섭다는 것을 깨닫게 해주겠

Case 1 그들은 어떻게 보상금을 받았을까?

다.'며 인터넷 사이트에 지속적으로 불만 글을 게시하는 것은 물론 10여 차례의 언론 제보, 47회에 걸친 1인 시위 등의 방법으로 제조업체를 압박했다. 전자제품 정보를 제공하는 미국 인터넷 사이트 3곳에도 휴대전화 폭발 피해를 당했다는 글을 게시하여 제조업체의 글로벌 이미지에 타격을 주었다. 그러면서도 자신의 행위가 '경제적 이익을 목적으로 한 것이 아닌 정당한 소비사 운동'이라고 주장했다.

얼마 안 가 이 씨에 대해 '환불남', '블랙 컨슈머'라는 별칭이 붙었다. 이 씨는 뉴스 인터뷰에서 "나도 원인을 모르는 발화 사고가 나서 문제를 제기한 것인데 그렇다고 해서 블랙 컨슈머나 환불남으로 매도해서는 안 된다"고 해명을 하기도 했다.

휴대전화 업체 관계자는 '휴대전화의 폭발이라면 배터리가 불타야 하지만 배터리는 멀쩡하다'는 점을 지적하면서 제품 결함이 아닌 외부 원인에 의한 화재로 추정된다고 주장하였다. 그러나 이 씨는 제조업체가 제품결함을 숨기고 자신을 돈으로 매수하려 한다는 주장을 펼치며 1인 시위와 언론사 제보를 계속해서 이어갔다. 결국 이 씨의 행동을 보다못한 제조업체가 정보통신망법 위반 혐의로 이 씨를 고소했다. 그리고 국립과학수사연구원의 휴대전화 폭발 원인 조사가 이어졌다. 경찰은 폭발 원인에 대해 '전자레인지에 넣은 상태에서 전자파에 노출돼 연소·변형된 것', '휴대전화기 자체의 결함이 아니라 외부 요인에 의한 발화로 보인다'고 발표했다.

그러자 이 씨는 자신을 수사하는 경찰에 대해 민원을 제기했다. 경찰이 사생활을 침해하고 무리한 수사를 한다며 국가인권위원회에 진정서를 내기도 했다. 이 진정이 타당한 이유가 없어 기각되자 이번에는 국가인권위원회 조사관을 상대로 진정했다. 하지만 이번에도 역시 타당성 없음으로 기각되었다. 이 씨는 경찰이 진술 거부권을 침해했다며 헌법 소원을 내기도 냈지만 역시 각하되었다. 이 와중에 자세한 내막을 모르는 대중들에게 이 씨의 행동은 재벌과 맞서는 소비자운동으로 비쳐졌고 몇몇 관련 단체가 개입하면서 상황은 복잡해졌다.

그러던 중 이 씨의 변호를 맡았던 변호사가 이유를 밝히지 않은 채 갑자기 사임하였다. 법조계에 따르면 소송 중에 변호사가 사임하는 경우는 극히 드문 일이라고 한다. 변론에 뭔가 문제가 생긴 것이 틀림없는 상황이었다. 다음 날 이 씨가 모든 것이 자신의 자작극이었음을 자백하면서 사건은 일단락되었다. 이 씨는 경찰에 제출한 진술서에서 "처음부터 범행 사실을 시인하고 싶었지만 몇몇 단체 관계자들이 접근해 1인 시위, 생활비, 변호사 비용을 대겠다며 물러서지 말라고 해서 어쩔 수 없었다"고 밝혔다. 구속된 후에도 이 씨는 "결코 휴대전화를 전자레인지에 돌린 적이 없다"는 주장을 하며 진술을 번복했다. 국립과학수사연구원에서 내린 수사 결과에 대해서도

"휴대폰이 내 손을 떠난 뒤 증거가 조작됐을 수도 있으니 신뢰할 수 없다"고 주장했다(조선일보 2011년 1월 29일). 이 씨는 자신의 잘못을 인정하지 않고 오히려 자신을 도와준 사람들을 매도한다는 비난을 받았다.

이 씨는 과거에도 노트북컴퓨터 등 각종 전자제품의 결함을 제보하여 환불받은 적이 있었다. 이 과정에서도 업체가 자신의 뜻대로 반응하지 않으면 언론에 제품 결함을 제보하고 1인 시위를 벌였다.

결국 이 씨는 명예훼손과 사기 혐의로 구속됐다. 서울중앙지방법원은 휴대전화기가 충전 중에 폭발했다고 자작극을 벌여 보상금을 받아낸 혐의로 기소된 이 씨에게 징역 1년을 선고하였다. 기업이 이미지 실추를 우려하여 제품 하자에 대한 소비자의 보상 요구를 쉽게 받아들인다는 점을 이용해 보상금을 편취한 범죄로, 죄질이 매우 나쁘다는 이유였다.

당시 이 소송에는 다른 기업들도 많은 관심을 보였다. 해당 제조업체가 대기업이라는 점, 제조업체와 개인 간의 소송이라는 점에서 향후 블랙 컨슈머에 대한 기업의 대처 방안 수립에 많은 시사점을 주는 사례였기 때문이다.

영화 속 블랙 컨슈머

영화 〈애정결핍이 두 남자에게 미치는 영향〉(김성훈 감독)은 애정결핍의 두 남자를 주인공으로 하는 코미디이다. 오직 아끼고 이기는 게 장땡이라는 소신으로 살고 있는 뻔뻔한 홀아비 동철동(백윤식 扮)과 편부 슬하에서 비정상적 자생력을 키우며 성장한 고등학생 아들 동현(봉태규 扮)이 그들이다.

동철동은 별다른 일 없이 기업을 협박하여 돈을 뜯어내는 일로 먹고 산다. 두루마리 휴지의 길이를 자로 잰 후 길이가 제품표시보다 모자라면 제조업체에 전화를 해서 고발하겠다고 큰소리를 친다. 막무가내로 고발하겠다며 보상금을 요구하는 모습은 블랙 컨슈머의 모습 그대로다.

02 크리스마스의 악몽
'쥐 식빵' 사건

크리스마스이브를 앞둔 새벽녘에 세상을 떠들썩하게 만든 사건이 발생했다. P브랜드 식빵에서 쥐 한 마리가 통째로 나왔다고 주장하는 사진과 글이 D사이트에 게시된 것이다. P브랜드의 프랜차이즈 본사는 긴급히 해당 웹사이트에 대해 게시글 삭제(블라인드 처리)를 요청했다. 그리고 글을 올린 사람이 누구인지 사이버수사대에 수사를 의뢰한 뒤 긴급 기자회견을 열어 빵의 제조공정상 반죽을 얇게 밀어 부풀리기 때문에 쥐가 통째로 식빵에 들어가는 일은 불가능하다고 해명했다.

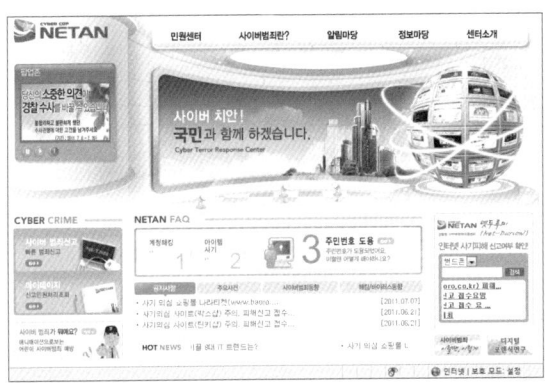

◆ 경찰청 사이버테러대응센터(NETAN)

'쥐 식빵' 게시글과 사진을 올린 제보자 김 모 씨는 언론사와의 인터뷰에서도 'P대리점에서 구입한 빵에서 쥐가 나온 사실'을 강조했다. 사건 소식을 접한 네티즌들은 더 이상 식빵을 못 먹을 것 같다는 반응을 보였다. 그런데 알고 보니 김 씨는 문제의 식빵을 사 왔다는 P대리점으로부터 100여 미터 떨어진 곳에서 경쟁 브랜드인 T대리점을 부인과 함께 운영하고 있었다. 영수증 사진과 P대리점의 CCTV를 분석한 결과 제보자 김 씨의 아들이 사건 발생 전에 P대리점에서 밤식빵을 구입한 사실이 확인되었다. 국립과학수사연구원에서는 쥐가 나온 식빵에 대해 정밀 감식이 진행되고 있었다. 상황이 급박히 돌아가자 갑자기 제보자 김 씨는 P대리점의 프랜차이즈 본사 측에 별도로 만나자고 제의했다. 하지만 거절당했다. 프랜차이즈 본사는 수사가 진행되고 있으므로 김 씨를 별도로 만날 이유가 없다는 입장이었다. 이후 경찰은 김 씨의 자작극 가능성이 높다고 판단하여 추궁한 결과 결국 김 씨로부터 자작극이라는 자백을 받았다. 김 씨는 사건의 파장이 커지자 심리적 부담감이 커져 견디지 못하고 자백을 하게 되었다고 밝혔다. T대리점을 인수하여 운영하였으나 매출이 기대만큼 오르지 않아 어려움을 겪던 김 씨는 우연히 길에서 죽은 쥐를 발견해 경쟁 대리점의 빵에 넣어야겠다는 생각을 했다고 진술했다.

김 씨는 문제의 '쥐 식빵' 사진을 인터넷 게시판에 올리면서

Case 1 그들은 어떻게 보상금을 받았을까?

타인의 주민등록번호를 사용하는 등 '정보통신망 이용촉진 및 정보보호 등에 관한 보호법률(정보통신망법)'도 위반했다. 또한 업무방해 및 명예훼손 등 혐의가 추가되어 결국 구속되었다. 그 후 김 씨는 재판에서 징역형을 선고받았다. 재판부는 "직접 쥐를 넣어 밤식빵을 만들고도 허위 사실을 퍼트려 국민들의 식품에 대한 불신을 증폭시키고 계획적으로 범행을 실행한 점 등에 비춰 죄질이 불량하다"고 양형 이유를 설명했다.

식품에 섞인 '이물(異物)'의 의미

식품의약품안전청(식약청) 자료에 따르면, 식품 중 '이물(이물질)'이란 식품의 제조, 가공, 조리 과정에서 정상적으로 사용된 재료가 아닌 것이 혼입되거나 발생된 것을 의미한다. 이물은 먹을 경우 위생상 탈이 발생할 우려가 있거나 섭취하기 적절하지 않은 물질이다. 다만 식물의 껍질이 완전히 제거되지 않고 일부 남아 있는 경우, 인체에 해롭지 않은 수준일 때는 이물질로 보지 않는다. 식품의 사용 목적과 의도에 비춰 보았을 때 소비자의 기대와 다른 물질이 들어 있다면 '이물'로 볼 수 있고 특히 그 물질이 인체에 해롭다면 문제가 되는 것이다.

27 식품 관련 블랙 컨슈머의 출현이 잦은 이유는?

식품업계 관계자에 따르면 이물질이 언제 어디서 어떻게 식품에 들어갔는지 제조사도 소비자도 명확하게 증거를 대기 어렵다 보니 식품과 관련한 블랙 컨슈머의 출현이 특히 빈번하다고 한다. 식품은 공산품에 비해 일상생활과 훨씬 밀접한 데다가 식품으로 인한 피해는 배탈이나 발진 등 소비자가 인지하기까지가 매우 즉각적이기 때문에 신고가 자주 발생한다. 하지만 식품에 대한 이물질 유입 경로를 증명하기 어려운 탓에 기업 입장에서는 신고 내용의 진위를 가리기 역시 쉽지 않다. 식품이 일단 유통과정에 들어서면 제조업체의 통제를 벗어나게 된다. 판매과정에서 판매자의 취급 부주의로 인해 식품이 변질되거나 판매되지 않은 채 유통기한을 넘기는 경우도 발생한다. 식품을 구입한 고객이 보관기준을 따르지 않아 변질되는 경우도 있고 구매 후 섭취하지 않은 채 유통기한을 넘기는 수도 있다. 이처럼 '제조자'의 손을 떠나 유통과 판매단계로 진입한 식품의 경우 소비자에게 피해를 줄 수 있는 변질이나 이물질 유입을 유발한 변수가 다양하다 보니 누구에게 책임이 있는지 따지기가 대단히 어렵다.

Case 1 그들은 어떻게 보상금을 받았을까?

03
특급호텔 레스토랑에서
공짜로 식사하는 사람들

　　영화 〈하트 브레이커스〉는 무일푼인 미모의 주인공 모녀가 돈 많은 남자를 유혹해 돈을 뜯어내려다 예기치 않게 진정한 사랑에 빠진다는 내용의 로맨틱 코미디이다. "우리 사전에 불가능한 작업은 없다." 영화 포스터의 광고 문구가 눈에 띈다. 그녀들은 비용을 치르지 않고도 특급 호텔에 숙박하고 고급 레스토랑에서 식사할 수 있는 방법을 알고 있다. 특급 호텔에 투숙한 주인공은 후 로비에서 일부러 넘어지며 바닥에 슬쩍 물을 뿌린다. 고급 레스토랑에서는 음식을 먹고 접시에 유리조각을 뿌린 다음 담당자를 불러 항의도 한다. 이런 행동을 하면서도 너무나 천연덕스러운 주인공 모녀의 모습은 영화의 재미를 더해준다. 하지만 주인공 모녀의 비책들은 명백한 불법행위이다. 그런데 이런 불법행위가 비단 영화 속에서만 일어나는 것은 아니다.

29

◆ 영화 〈하트 브레이커스〉 포스터

특급 호텔에서 호텔 서비스를 남용하는 악질 고객들이 빈번히 등장하고 있다. 서비스 산업이 발달하면서 점점 더 높아지는 고객들의 요구에 부응하기 위해 서비스 역시 점점 더 고급화되고 있다 하지만 그 이면에는 고객들의 지나친 권리 행사라는 부작용이 도사리고 있다. 고객의 이용 실적을 수치화하기 쉬운 백화점, 신용카드사, 특급 호텔 등에서는 연간 구매금액을 기준으로 고객 등급을 분류하여 혜택을 제공한다. 이렇게 분류된 최상위 고객들만을 위한 골프대회나 패션쇼, 파티 등이 종종 개최되는데, 이때 초대된 VIP 고객 중에는 서비

Case 1 그들은 어떻게 보상금을 받았을까?

스를 더 받기 위해 트집을 잡거나 지위나 경제력을 내세워 과도한 요구를 하는 사람들이 있다고 한다. 심지어 호텔 서비스 종사자에게 반말과 폭언을 퍼부으며 마치 하인 부리듯 상식 이하로 대하는 경우도 종종 발생한다. 어느 특급 호텔 관계자는 "국내 호텔 서비스의 질은 선진국의 문화와 비교해 전혀 떨어지지 않으며 오히려 세심한 부분은 외국에 앞선다. 하지만 서비스를 받는 고객의 수준 측면에서 보면 사정이 다르다"고 말한다. 서울과 인천 지역 특급 호텔 8곳의 호텔리어 100명에게 설문조사를 한 결과, 응답자의 약 80%가 "호텔 내에서 블랙 컨슈머를 상대해본 경험이 있다"고 답했다. 그 중 46%는 "블랙 컨슈머의 행동이 업무에 심각한 지장을 초래한다"고 답해 심각성을 드러냈다.

특급 호텔 관계자는 "어느 호텔이나 악질적인 고객을 정리해놓은 블랙리스트가 존재한다"고 설명했다. 악덕 고객도 VIP 만큼이나 '관리'를 받고 있는 것이다. 돈을 내지 않고 도망가거나 사사건건 트집을 잡는 고객, 객실에 놓여 있는 값비싼 목욕용 제품을 몰래 챙긴 후 그 제품이 없다며 항의하는 고객도 있다. 남산의 한 호텔에서는 바닥에 기름을 뿌려놓고 일부러 넘어진 후에 돈을 요구한 사례도 있었다. 레스토랑에서 음식을 시킨 후 이물질을 넣는 자작극을 벌여 고급 와인, 무료쿠폰을 무더기로 챙겨 가는 사례도 발생했다. 5분 간격으로 종업원을 불러 시비를 걸어와 호텔에서 추방당한 불량 고객도 있다고 한다. 호텔 직원에게 심각한 성희롱을 하거나 물리적 폭력을 행사하는 경우도 발생한다. 호텔 주차장에서 룸서비스를 주문하거나 술에 취한 고객들의 고질적 행태는 말할 것도 없다.(월간 《호텔 & 레스토랑》 2010년 10월호)

04 원조 블랙 컨슈머
보험사기꾼

'블랙 컨슈머'라는 용어와 개념이 등장하기도 전에 우리 주변에는 이미 블랙 컨슈머가 있었다. 바로 '보험사기꾼'이 그들이다. 보험사기는 고의적으로 사고를 유발하거나 피해를 과장하는 수법으로 보험금을 타내는 것을 말한다. 사고 발생 책임이 사고 당사자 중 어느 쪽에 있는지 증명하기 어렵다거나 환자 본인만 알 수 있는 통증의 경우 피해를 과장한다는 점에서 블랙 컨슈머의 행동과 매우 닮았다. 블랙 컨슈머의 원조 격으로 볼 수 있다. 흔히 알려진 사례들로는 서행하는 자동차의 사이드 미러에 손을 일부러 부딪치고 합의금을 받아낸 경우, 주택가에서 속도를 줄이며 코너를 도는 자동차 뒤에서 일부러 넘어지고는 자동차 때문에 다친 척하며 합의금을 받는 수법 등이 있다. 이러한 사례는 모두 경찰에 적발되어 처벌을 받았다. 아프지도 않은데 꾀병을 부리며 보험금을 받아내는 일명 '나이롱 환자'는 헤아릴 수도 없이 많다. 이러한 보험사기는 일상생활의 범죄로만 그치는 게 아니라 병원과 환자의 유착관계로 발전하면서 조직적 범죄가 되고 있다. 보험 사고는 특성상 '우연성'을 전제로 하는데 우연적 사고가 아닌 '인위성' 사고를 통해 보험금을 악의적으로 받아냄으로써 보험 제도를 악용하는 것이 보험사기이다. 이는 명백한 범죄행위이다.

심리학적으로 보면 보험의 기본적인 특성인 불확실성이 사기 심리를 자극한다. 사고로 가장할 경우 발각될 가능성이 적을 것이라는 생각이 보험사기 행동을 하게 만든다. 살인이나 방화와 같은 중범죄가 아니라면, 보험사기꾼들은 자신의 행동에 대해 별다른 죄의식을 느끼지 않는 경향이 있다.

◆ ◆ ◆

금융감독원에 따르면, 보험사기는 불황에 더 많이 발생한다. 금융사기 적발 사례를 분석한 결과 외환위기를 겪고 있던 2009년에 보험사기 적발 금액과 적발 인원이 전년 대비 30% 정도 증가한 것으로 나타났다. 사고의 내용을 조작하는 허위 사고가 29.0%(958억 원)로 가장 많았고 계획적으로 교통사고를 야기하는 고의 사고도 23.4%(777억 원)나 되었다.

범죄 심리학자들에 따르면, 개인의 어려운 경제상황이 보험 범죄 성향을 충동하게 되며, 보험사기를 저지르는 사람들은 흔히 범행을 통해 받을 수 있는 보험금액을 미리 계산한 뒤 실행에 옮긴다고 한다. 국민의 책임의식과 윤리의식이 낮아질 때에도 도덕적 해이 현상으로 인한 보험사기 발생률이 높아진다. 모방심리로 인해 뉴스에 보도된 범행 수법을 따라 하는 경향도 나타난다. 보험사기는 보험사에서 혐의점을 찾아도 범죄 행위임을 입증할 확실한 자료 제시가 어려울 때가 많다. 그래서 적발 역시 쉽지 않다. 보험사기꾼이 부당하게 받아 간 보험금은 물론 다른 선의의 보험 가입자가 납부한 보험료에서 지급되는 것이다.

마케팅 담당자를 울리는 체리피커

기업의 상품을 구매하지 않거나 서비스를 이용하지 않으면서 실속만 차리는 소비자를 '체리피커(cherry picker)'라고 부른다. 신포도 대신 달콤한 체리만 골라먹는 얌체 고객을 말한다. 신용카드사에서 제공하는 서비스 혜택만 누리고 실제 카드 사용은 거의 하지 않는 고객이 좋은 예이다.

한때 증권사에서 '하루만 맡겨도 고율의 이자를 매일 지급한다'며 CMA통장 가입자 수를 경쟁적으로 늘린 적이 있다. 증권사에서는 증권 거래를 유도하기 위해 CMA통장 가입을 적극 유치했지만 고객들 중에는 증권 투자는 하지 않고 이자만 받는 고객도 다수였다. 이런 고객들 체리피커이다. 블랙 컨슈머의 일종으로 보는 견해도 있다. 하지만 이 경우는 블랙 컨슈머라기보다 증권사의 마케팅 실패 사례가 아닐까 싶다. CMA통장 고객을 유치했으면 증권 거래에까지 참여하도록 만드는 장치를 마련해두지 않고 있다가 고객이 증권사의 마케팅 의도대로 움직이지 않자 블랙 컨슈머로 몰아붙이는 것은 적절하지 않다.

고유가 시대에 자동차보험의 긴급 주유 서비스를 악용하는 사례 역시 체리피커에 해당한다. 기름이 떨어져 차가 멈춘 경우 보험사에 연락하면 무상으로 긴급 주유 서비스를 받을 수 있다. 보험사에서 제공하는 무상 서비스인데 기름 값이 급등하다 보니 긴급하지 않아도 긴급 주유 서비스를 여러 번 이용하는 악덕 소비자들이 빈번히 발생하고 있다. 자신의 기름 값을 아끼려고 긴급하지도 않은 상황에 긴급 출동 서비스를 부르는 행위는 악덕 소비자의 얌체짓으로 볼 수밖에 없다.

05
변호사를 등친
할머니 블랙 컨슈머

어느 변호사가 전하는 이야기다. 2007년경 서울 서초동 법조타운에 이상한 소문이 돌았다. 퇴근 직전에 변호사 사무실로 서류 보따리를 들고 찾아오는 할머니를 조심하라는 것이다. 소문에 의하면 할머니는 주로 퇴근 시간 직전에 찾아와 급하다며 사정을 해 법률상담을 받는다고 한다. 법률상담을 하다 보면 퇴근 시간이 한참 지나 있기 일쑤다. 검토할 서류도 많아서 "오늘은 늦었으니 서류를 두고 가시면 검토한 후에 연락을 드리겠다"고 안내하면 할머니는 알았다며 돌아간다. 다음 날 다시 사무실에 찾아온 할머니는 서류를 뒤적이다 난데없이 중요한 서류가 없어졌다고 한다는 것이다. 울고불고 난리를 치며 다짜고짜 "소송에 지면 당신들이 물어낼 거야? 이 따위로 서류를 보관하는 데가 어디 있어?" 하며 한바탕 소동을 피운다. 서류는 받은 그대로 보관함에 넣어두기 때문에 없어질 리가 없다. 하지만 없어졌다고 소리를 고래고래 지르며 떼를 쓰는 할머니 앞에서 무슨 서류가 없어졌는지도 모른 채 허둥대다가 결국 다른 의뢰인들의 눈과 평판을 의식해 돈을 줘서 돌려보내게 된다는 이야기였다.

　나중에 보니 그 할머니한테 당한 변호사가 한둘이 아닌 모양이었다. 할머니가 억지를 쓰는 것이지만 사정을 모르는 남들이 볼 때는 '변호사가 뭔가 대단히 잘못해서 저러나 보다' '할머니가 오죽하면 저러겠느냐' 하는 생각을 할 수 있기 때문에 알면서도 어쩔 수 없이 당한다는 것이다. 그래서 서초동 법조타운에는 퇴근 직전에 급하다며 서류를 잔뜩 들고 방문하는 사람을 주의하라는 소문이 파다하게 퍼졌다.

　고객으로 찾아온 사람이 알고 보니 억울한 일을 당한 의뢰인이 아니라 돈을 뜯을 목적으로 온 블랙 컨슈머였다. 이런 낌새를 초반에 알아챌 재간은 변호사한테도 없는 모양이다.

Case 1 그들은 어떻게 보상금을 받았을까?

06 평창 주유소에서 무슨 일이?

'혼동주유사고(혼유 사고)'는 주로 경유 차량에 휘발유를 주유하여 발생하는 사고이다. 주유소에서 기름을 잘못 주유하도록 고의로 유도한 후 피해보상을 요구하는 것이 주된 수법이다. 영화 〈주유소 습격사건〉이 흥행한 이후로 영화 속 내용을 흉내 내 주유소를 터는 사건들이 발생했었다. 영화 속 범죄를 따라 하는 모방범죄였다. 이와 유사하게 혼유 사고를 모방하는 범죄도 있었다. 주유소 주유원이 잘못한 것인지 고객의 실수인지 쉽게 밝히기 어려운 상황을 악용한 사례이다.

A 정유회사에서 발생한 일이다. 수원에 거주하는 박 모 과장(정유회사 근무, 42세)은 정유회사가 직영하는 주유소의 관리업무를 맡고 있다. 관리업무 중에는 고객 불만사항 처리도 있었다. 박 과장에 따르면 주유처럼 간단한 단순작업에서 의외로 민원이 많이 발생한다고 한다.

불만사항은 크게 두 가지이다.

첫째, 주유를 마친 후 차 외부에 기름이 떨어진 것을 지적하는 불만사례이다. 외제 승용차나 새 차를 타고 온 고객들이 주로 제기하는 민원인데 대개 차 외부에 묻은 기름을 마른 천으로 닦아 해결한다. 하지만 간혹 세차비를 물어내라고 언성을 높이는 고객들이 있어 문제가 된다고 한다.

둘째, 기름을 잘못 넣는 혼유 사고이다. 특히 경유차에 휘발유를 잘못 넣는 사례가 빈번하다. 워낙 다양한 차종이 있고 같은 차종이라도 엔진 종류가 다른 경우도 있어서 주유원이 경유와 휘발유를 혼동해 실수를 하는 경우가 종종 발생한다. 최근에는 뉴스에서도 혼동주유 사례에 대한 보도가 자주 등장한다.

한국소비자원의 발표에 따르면 2006년에서 2007년 사이에 발생한 혼유 사고 128건을 분석한 결과 피해는 경유 차량에서 주로 발생했다. 휘발유차의 주입구(직경 2.2cm)는 경유 주유기 노즐(직경 2.54cm)보다 좁아서 휘발유차에 경유를 잘못 넣는 사고가 발생할 가능성이 거의 없다. 그러나 경유차 연료 주입구(직경 3.2~4.0cm)는 휘발유 주유기 노즐(직경 1.91cm)보다 크기 때문에 주유구에 주유기 노즐을 넣는 순간 이상을 느끼기가 쉽지 않아 혼유 사고가 빈번하다는 것이다. 또 외제 차량의 경우는 주유구의 크기가 달라서 혼동 주유의 가능성이 국산 차량에 비해 더 높다. 혼유 사고 피해를 입은 차종은 레저용 차량(RV)이 72건으로 전체 사고 건수의 절반이 넘었다.

문제는 자칫 사소해 보이는 실수로 인해 큰 피해가 발생한다는 점이다. 다행히 시동을 걸기 전에 혼유 사실을 발견한다면 연료통을 세척하거나 교체하는 것으로 비교적 간단하게 해결이 가능하다. 하지만 혼유 사실을 모른 채 시동을 걸게 되면 연료통만이 아니라 관련 부품을 모조리 교체해야 하고 급기야 엔진까지 교체해야 할 경우 수백만 원 정도의 비용이 들 수 있다.

박 과장은 혼동주유를 핑계로 손해배상을 요구하는 불만 접수가 지속적으로 늘어나고 있다고 말한다. 주유원의 실수인지 차량 운전자의 잘못인지 책임 소재를 명확히 가리기가 쉽지 않기 때문에, 불만이 접수되었을 경우 시동을 걸기 전이라면 연료통을 세척해주고 무료 주유권을 지급하는 것으로 해결한다고 했다. 일선 주유소 현장의 이러한 사례뿐만 아니라 TV 뉴스에서도 '상습적으로 다른 기름을 넣게 하여 피해를 유발한 후 보상을 받는 수법으로 돈을 챙긴 사람'이 구속되었다는 소식이 보도되었다.

❖ ❖ ❖

보도에 따르면, 강원도 평창의 한 주유소에서 주유원이 눈치채지 못하게 혼동주유를 유도해 피해를 입었다며 보상금을 가로채는 외제차 운전자가 적발되었다. 경유 차종인 외제차임에도 불구하고 운전자가 아무 말 없이 휘발유 주입구 쪽에 차를 대거나 휘발유를 넣도록 유도하기 위해 주유원에게 계속 말을 걸며 주의를 분산시킴으로써 혼동을 유발하는 사례였다. 주유원이 주유를 마치면 운전자는 갑자기 "경유차에 왜 휘발유를 넣었느냐"고 따지며 주유소 사장을 몰아붙여 합의금을 받아내는 식이었다. 일단 돈을 받아낸 뒤에는 '잘 아는 공업사'에 가서 연료통을 세척하는 행위를 반복했던 것이다. 주유소 종업원에 따르면 일반적으로 경유차 운전자는 경유 주유기 앞에 세우거나 경유차라고 말을 해주는데 이 사건의 운전자는 휘발유 주유기 앞에 세우고 아무 말 없이 손가락으로 2만 원을 표시했다는 것이다. 사고를 유도한 정황이 짙다.

이렇듯 혼유 사고를 유발하는 차량 운전자들은 먼저 오해할 만한 행동을 한다. 심지어 휘발유차라고 얘기하고는 그런 말을 한 적이 없다고 딱 잡아떼는 운전자도 있다. "주유소에서 일하는 사람이면 경유차인지 척 보고 알아서 기름을 넣어야지"라고 억지를 부리며 고액의 합의금을 요구하는 사람도 있다.

사정이 이렇다 보니 주유소에서는 보상을 미루거나 회피하기도 해 결과적으로 선의의 소비자들이 입는 피해만 커지게 되었다. 정유회사에서는 직영점이 아닌 가맹점 주유소에 대해서는 문제를 개별적으로 해결하라는 입장이어서, 운전자의 고의가 아닌 주유원의 단순 실수로 피해를 본 일반 운전자들이 이중으로 피해를 입고 있다.

　한편 최근 들어 혼유 사고에 관한 법원의 판결이 있었다. 주유소 직원의 실수로 경유차에 휘발유를 주입하여 손해를 입혔다면 주유소에 80% 정도 책임이 있다는 판결이다. 실제 사건에 따라 책임 정도가 달라지겠지만, 법원에서는 고객의 차량이 사용하는 연료의 종류를 확인할 의무가 주유소 직원에게 있으며 이를 확인하지 않은 책임 역시 주유소 직원에게 있다고 본 것이다. 또한 사고 차량의 외관이 휘발유를 사용하는 차량과 유사하여 주유소 직원이 오인할 우려가 있으므로 차량 운전자도 직원에게 연료의 종류를 분명히 알려주었어야 할 의무가 있어서 주유소 측에 80%의 책임이 있다고 판결 이유를 밝혔다.

07
가전제품 환불로 6억 원을 챙긴 블랙 컨슈머 일당

중고 가전제품을 구입한 후 고의로 고장을 계속 일으켜 환불을 받는 수법으로 6억 원을 챙긴 일당이 구속됐다. 문 모씨 등 일당 32명은 2007년 12월부터 중고 가전제품을 구입한 후 단종된 부품에 전기충격을 가해 고장을 낸 뒤 서비스센터에 수리를 맡겼다. 단종된 부품이라서 더 이상 수리가 불가능한 경우를 노리거나, 수리가 가능해도 계속해서 다시 고장을 내는 수법을 사용했다.

소비자기본법에 따라 공정거래위원회가 고시한 〈소비자분쟁해결기준〉을 살펴보면 중고 가전제품의 경우 부품이 단종되거나 3회 이상 수리를 해도 고쳐지지 않으면 제품 구입 가격으로 환불하도록 한 규정이 있는데 바로 이를 악용한 것이다. 이 과정에서 문 씨 일당은 서비스센터 기사를 협박하거나 매수한 것으로 밝혀졌다. 일반적으로 기존의 블랙 컨슈머가 주로 개인적인 범행이었던데 비해 이 사건은 조직적이라는 점에서 적잖은 파장을 일으켰다. 만약 서비스센터 기사가 돈을 받고 문 씨 일당의 요구를 들어주었다면 서비스센터 기사는

Case 1 그들은 어떻게 보상금을 받았을까?

'배임수재죄'에 해당해 처벌받을 수도 있다.

공정거래위원회에서는 TV, 냉장고, 세탁기, 컴퓨터 등 중고 전자제품에 소비자 피해가 발생했을 경우 보상기준을 제시하고 있다. 총 3회 수리하였으나 다시 하자가 발생(4회째)하면 환불해 주도록 되어 있다.

소비자 피해 유형	보상 기준
1) 판매업자가 보증한 기간 이내에 정상적인 사용 상태에서 성능·기능상의 하자가 발생한 경우	무상 수리 또는 수리비 보상(단, 수리가 가능한 경우에는 구입가 환급)
2) 판매업자가 품질보증에 관한 사항을 명시적으로 소비자에게 고지하지 않은 경우	
- 보증기간(6개월) 이내에 정상적인 사용 상태에서 성능·기능상의 하자가 발생한 경우	무상 수리 또는 수리비 보상 (단, 수리가 불가능한 경우에는 구입가 환급)
- 보증기간(6개월) 이내에 제품 주요기능과 관련한 동일하자로 총 2회까지 수리하였으나 하자가 재발하는 경우(3회째) 또는 여러 부위의 고장으로 총3회까지 수리하였으나 하자가 재발(4회째)하는 경우	구입가 환급

◆ 중고 전자제품에 관한 소비자분쟁해결기준. 공정거래위원회 고시 제2010-1호

위 분쟁해결기준에서 3~4회라는 수리 횟수 규정에 대해서는 과거에도 문제점이 지적되었다. 중소기업에 근무하는 김 모 씨는 구입한 지 얼마 되지 않은 신차가 자꾸 시동이 꺼져 서비스센터를 찾았다가 뜻밖의 소식을 들었다. 김 씨가 구입한 신차는 새 차가 아니라 애초에 수리된 차를 인도받았다는

것이었다. 새 차로 교환해 달라고 하였으나 김 씨의 요구는 거절당했고 환불요구도 묵살당했다. 서비스센터 측은 소비자보호규정상 4번 고장이 나야 환불이 가능하기 때문에 그때까지는 수리만 가능하다고 했다. 이제 막 출고된 새 차가 바로 고장을 일으켜도 수리만 해주면 자동차회사는 아무 책임이 없다는 결론이라니, 불합리하다는 불만이 끊이지 않았다. 이 때문에 소비자보호법이 '기업보호법'이라는 비난을 받고 있다.

    소비자를 보호하기 위해 만든 규정을 기업이 역으로 이용하면서 소비자 피해를 외면하다가 결국 이 규정을 악용하는 블랙 컨슈머까지 등장하게 된 것이다. 정당한 요구를 하는 고객 앞에서 기업은 소비자보호규정 뒤로 숨을 것이 아니라 적극적으로 문제를 해결하려는 자세가 필요하다고 본다.

08
일본의
블랙 컨슈머 사례

　　　　수도꼭지의 물을 튀게 하여 세탁비를 변상 받는 수법
2005년 7월, 일본 카나가와 현에서 발생한 사건이다. A 씨는 대형 마트의 화장실에서 수도꼭지에 종이를 구겨 넣어 옷에 물을 튀게 하는 수법으로 마트 측에 불량 수도꼭지를 설치했다며 부당하게 세탁비용을 청구하다가 체포되었다. A 씨는 그 전에도 호텔이나 백화점에서 화장실 온수 세정 변기(비데)에서 고의로 옷을 적셔 세탁비를 청구했던 것이 밝혀졌다. 유사한 수법으로 70여 곳에서 부당 이득을 챙긴 정황이 밝혀져 경찰은 A 씨를 사기 혐의로 추가 입건하였다. 가령 도쿄 아카사카 호텔 화장실에서는 온수 세정 변기 노즐에 목공용 본드를 흘려보내 옷을 젖게 하여 호텔로부터 2,000엔을 가로챘으며, 역 근처에 있는 다른 호텔에서도 세탁비 명목으로 1,000~5,000엔의 현금이나 상품권을 받았다고 한다.

빵에 이쑤시개를 넣어 보상금을 가로채

일본 이시카와 현 가나자와 시내에서 구매한 빵에 나무 이쑤시개가 섞여 있다는 신고가 접수되었다. 신고자는 자택을 방문한 제빵회사 사원으로부터 빵값과 사죄의 뜻으로 답례품 과자를 받았다. 하지만 이쑤시개는 신고자가 일부러 넣은 것으로 밝혀졌다.

타코야키 속에 쇳조각

일본 경찰은 2008년 5월에 후쿠시마 현 어느 편의점에서 타코야키에 직접 이물질을 넣고 불만을 제기하여 구입 대금을 가로챈 용의자 사토 씨(36세)를 사기 혐의로 체포했다. 용의자는 조사에서 "소란을 일으키고 싶었다. 당사자가 되면 돈을 받을 수 있다고 생각했다"고 혐의를 인정했다. 용의자는 편의점에서 타코야키를 구입, 귀가 후 금속 조각을 넣은 다음 "당신 가게에서 구입한 타코야키에 금속 조각이 들어 있었다"라고 편의점에 거짓말을 하는 수법으로 구입 대금을 가로챘다.

Case 1 그들은 어떻게 보상금을 받았을까?

바나나에 바늘을 박은 사람

 2010년 6월 일본 시즈오카 현 중앙경찰서는 수퍼마켓 매장 바나나에 바늘 1개를 박은 무직의 한 남자(71세)를 업무 방해 혐의로 현장에서 체포했다. 범인은 "과거에 이 상점에서 산 빵에 바늘이 들어 있었기 때문에 같은 일을 해야지 생각했다"고 혐의를 인정하였다. 해당 슈퍼마켓에서는 이전에도 식품에서 칼날과 바늘이 발견되는 이물 혼입 사건이 5건 보고되었는데 그중 2건은 이 용의자가 경찰에 피해 신고를 한 것이었다. 경찰은 이 남자가 자작극을 벌였을 가능성이 있다고 보고 추가 조사를 실시했다. 남자는 과거에도 상점 진열대에 있던 바나나에 길이 4.5cm의 바늘을 찔러 넣은 혐의를 받은 바 있고, 구입한 빵에 칼날이 들어 있었다며 110번이나 신고했었다.

09
미국 웬디스 칠리 수프에서 손가락이 나온 사례

2005년 3월, 미국 샌프란시스코에 위치한 패스트푸드 체인점 웬디스 매장에서 식사를 하던 안나 아얄라(39세)씨는 먹고 있던 칠리 수프에서 사람 손가락을 발견하고 경악했다. 그녀는 곧바로 언론에 이 사실을 알리고 웬디스를 상대로 소송을 시작했다. TV 프로그램에서 식사 장면을 재연하기도 하면서 대중들의 호응을 유도했다. 많은 사람들에게 사태가 알려지면서 누구의 손가락인지, 어떻게 손가락이 칠리 수프에 들어갔는지 의문이 제기되었다. 식품 납품 관계자들 중 손가락이 절단된 사람은 없었다. 경찰은 인근 살인사건의 시체에서 유실된 손가락인지도 조사하였다. 손가락 주인을 찾는 제보에 10만 달러의 현상금이 붙자 현상금을 노린 허위 제보도 속출했다. 해당 지역 웬디스 체인점들은 매출이 급격히 떨어져 종업원들을 일시 해고하는 사태까지 벌어졌다.

아무리 샅샅이 조사를 해도 증거가 나오지 않자 신고자에게 시선이 쏠리게 되었다. 경찰은 과거에 안나 아얄라 씨와 가족들이 기업을 상대로 수차례 소송을 벌였던 사실을 알아냈다.

Case 1 그들은 어떻게 보상금을 받았을까?

한 레스토랑을 협박해 30만 달러를 받아낸 사실도 드러났다. 결국 웬디스 사건도 그녀의 자작극임이 밝혀졌다. 손가락은 남편 직장 동료의 것이었다. 사고로 절단된 동료의 손가락을 남편이 가지고 온 것이다.

2006년 미국 캘리포니아 주 법원은 이들 부부에게 욕심이 상식적인 도덕의 범위를 넘어섰다며 중형을 선고했다. 안나 아얄라는 9년, 직장에서 사고로 잘린 동료의 손가락을 가져온 남편은 12년의 징역을 선고받았다.

사건 이후 웬디스를 상대로 음식에서 이물질이 발견되었다는 신고 접수가 갑자기 늘었다. 머리카락, 나무 조각, 손톱 등이 발견되었다는 것들이었지만 대부분 허위신고로 밝혀졌다. 이 사건으로 웬디스는 엄청난 타격을 입었다. 안나 아얄라를 고소한 해당 체인점의 피해액만 250만 달러에 달했다.

◆ ◆ ◆

미국 뉴욕의 한 전자제품회사에 근무하는 샘 박 씨(42세)는 주택에서 화재가 났을 때 화재 원인과 상관없는 전자제품회사를 상대로 소송을 거는 경우도 있다고 설명했다. 화재 피해자들은 화재 원인을 알 수 없는 상태에서 일단 집 안에 있던 가재도구 중 무엇이든 화재 원인이 될 만한 것의 제조업체를 피고로 하여 소송을 하다 보면 '뭔가 하나라도 걸리지 않겠느냐는 생각을 한다는 것이다. 소송을 제기하는 사람은 정당하게 소비자의 권리를 행사하는 사람으로 여겨질 것이고, 어쩌다가 '제조물책임법'의 표시상의 실수라도 적발되면 그 제조업체가 책임을 뒤집어 쓸 수도 있다. 미국에서는 기업 내에 소송 대응 전담부서를 두어야 할 정도로, 나날이 증가하는 소송 때문에 기업 활동이 위축되고 있다고 전했다.

Case 1 그들은 어떻게 보상금을 받았을까?

Case 2

블랙 컨슈머란 무엇인가?

01 블랙 컨슈머의 출현

빵에서 지렁이가 나왔다며 신고하고 보상금을 요구한 소비자
- 신고자는 빵 보관을 잘못해 지렁이가 들어간 것 같다고 말을 바꿨다.

휴대폰이 폭발했다며 신고한 후
수십 차례 1인 시위를 통해 기업을 압박한 소비자
- 국립과학수사연구원 감식 결과 신고자가 휴대폰을
전자레인지에 넣고 돌린 사실이 확인됐다.

식빵에서 쥐가 통째로 나왔다며 인터넷 게시판에 글을 올린 소비자
- 확인 결과 경쟁 업주가 일부러 식빵에 쥐를 넣고
자작극을 벌여 인터넷에 유포했다.

'블랙 컨슈머'의 대표적 사례로 꼽히는 사건들이다. 블랙 컨슈머(Black Consumer)는 '사악한, 나쁜'을 뜻하는 형용사 블랙(Black)과 '소비자'를 뜻하는 명사 컨슈머(Consumer)가 결합한 신조어이다. 일반적으로 '블랙 컨슈머'는 '상품이나 서

Case 2 블랙 컨슈머란 무엇인가?

비스의 불량을 고의로 유발한 후 이를 문제 삼아 기업을 상대로 과도한 피해 보상을 요구하거나 억지를 써서 보상을 받으려 하는 악덕 소비자'를 지칭한다. 고의가 아니라 우연히 식품에서 진짜 이물질을 발견한 소비자라 해도 언론 제보와 인터넷 유포를 빌미로 제조업체를 협박하여 과도한 보상금을 받아내려 시도하는 경우도 블랙 컨슈머의 범주에 포함된다. 아직 영어사전에 오르지는 않았다. 이 용어는 시대의 변화를 반영하는 신조어이므로 개념이 다소 유동적이다.

블랙 컨슈머의 등장 배경

소비자운동이 활발해지면서 소비자의 권리의식이 높아졌다. 이러한 시장의 변화를 읽지 못하고 소비자의 요구를 외면한 기업은 사라져갈 위험에 처했다. 과거에는 소비자가 불친절과 불편함도 감수했지만, 소비자의 의식수준이 향상되고 소비수준이 질적으로 변화하면서 현재는 높은 수준의 서비스를 요구하고 있다. 또한 기업들이 고객만족 경영을 기치로 내세우면서 소비자의 권리의식이 지나치게 강조되는 결과를 낳아 기업을 상대로 과도한 요구를 일삼는 문제적 소비자 역시 늘어났다.

정보화 사회로 들어서면서 인터넷의 발달이 정보의 구조적

편재현상을 완화시켜 소비자들은 제품에 관한 정보를 쉽게 접할 수 있게 되었으며, 최근에는 소셜 네트워크 서비스(SNS)로 인해 정보 교류 및 소통의 속도가 이전보다 훨씬 빨라졌다.

'목소리 큰 사람이 이긴다'는 속설에 이어 '우기면 다 된다'는 학습효과를 본 일부 소비자들은 뭐든지 일단 우기게 되었다. 그러면 본인도 놀랄 정도로 효과가 좋았다. 꿈쩍도 않을 것 같았던 기업이 몰래 보상금을 지급하는 것이었다. 몇몇 악덕 소비자들은 기업에 근무하는 직원에게 고함이나 욕설을 해도 상대가 가만히 있는 것을 보고는 계속 소리를 질러도 되는 것으로 착각하여 그칠 줄 모르는 과도한 행동을 하기도 했다. 인터넷에 올리겠다는 말에 꼼짝도 못하는 거대 기업의 모습을 보고는 교언영색의 본심을 드러내는 소비자도 있다.

기업의 고객서비스 담당자들은 소비자들의 문제 행동이 최근 3~4년 사이에 크게 증가했다고 보고 있다. 인터넷의 발달과 함께 개인주의적인 분위기가 확산되면서 문제행동들이 늘어났다는 분석이다.

소비자 주권 강화와 인터넷 발달

기업의 고객서비스 담당자들은 블랙 컨슈머가 발생하게 된 사회적 원인으로 소비자 주권 강화와 인터넷의 발달을 꼽고 있다. 과거에는 소비자 피해가 발생하면 기업은 무조건 가해자이고 소비자는 피해자로 인식되었다. 기업은 제품이나 서비스를 제공하고 소비자는 기업에 대가를 지불하고 제품과 서비스를 사용하기 때문이다. 제품 관련 문제가 발생할 경우, 기업은 제품에 대해 많은 정보를 가지고 있고 소비자는 그렇지 못하기 때문에 소비자는 기업이 뭔가 숨긴다고 생각했다. 하지만 인터넷 시대가 되어 정보의 비대칭성이 해소되면서 소비자도 많은 정보를 접할 수 있게 되었다. 이러한 정보력을 바탕으로 소비자 주권이 강화되기 시작했다. 소비자 주권이 점점 강조되면서 그 부작용으로 소비자 권리를 남용하는 사례가 등장하기 시작했다. 일부 고객들로부터 부당하게 피해를 입는 기업도 생겨났다.

인터넷 여론이 형성되면서 언제까지나 강자의 위치에 있을 것 같았던 기업이 일개 소비자에게 쩔쩔매는 상황도 발생했다. 인터넷 발달로 소비자의 발언권이 커지면서 구매자가 쓴 상품 구매 후기가 상품 구매 판단의 중요한 기준으로 여겨지게 되었다. 소비자를 등한시하는 기업의 물건은 구매 거부의 대상이 되기도 한다. 블랙 컨슈머들의 주된 무기는 인터넷 여론이다. 이들은 과도한 권리행사를 소비자의 정당한 권리행사로 위장하고 있다. 과도한 권리 행사가 결국 '권리남용'으로 흘러버린 것이다.

02
Black Consumer는 흑인 소비자?

'The Black Consumers'라는 영어 표현은 '흑인 소비자'를 뜻한다. 구글 영문 사이트에서 'black consumer'를 검색해보면 흑인 소비자들의 소비성향에 관련된 문건들이 검색 결과로 나온다. 우리나라에서는 영미권과 다른 뜻으로 사용되고 있다. 우리나라에서 사용하는 의미를 굳이 영어식으로 표현하자면 'Bad Consumer'가 적절할 것이다. 영미권에서는 'Consumer Fraud'라고 지칭한다. 즉 사기 치는 소비자들이다.

✦ ✦ ✦

국립국어원과 KBS는 '블랙 컨슈머'의 다듬은 말로 '악덕 소비자'라는 용어를 제시했다. '구매한 상품에 대하여 고의적으로 문제를 삼아 피해를 본 것처럼 꾸며 악의적 민원을 제기하거나 보상을 요구하는 소비자'를 '블랙 컨슈머' 대신 '악덕 소비자'로 순화하여 부르자는 취지라고 한다.

✦ ✦ ✦

Case 2 블랙 컨슈머란 무엇인가?

'블랙 컨슈머'로 예시되는 사례들을 분석해보면 대체로 두 종류로 나뉜다. 하나는 보상금을 받으려고 악의적인 민원을 제기하는 악덕 소비자이다. 이들은 증거를 조작하거나 기업의 명예를 훼손하는 등 불법 행위도 서슴지 않는다. 하지만 대부분 불법성 여부를 가려낼 만한 증거가 불충분한 경우가 다수이다. 블랙 컨슈머는 이 점을 교묘히 이용한다. 두 번째는 '악덕'이라기보다 과도하게 권리행사를 하는 '까다로운' 소비자들이다. 불법성은 없지만 불법과 합법의 경계선상에 있거나 기업에 업무방해를 초래할 정도로 지나치게 권리행사를 하는 이들이다.

개념의 혼란은 또 다른 문제를 야기한다

'블랙 컨슈머'라는 개념의 범위가 명확하지 않아 혼동을 초래하고 있다. 블랙 컨슈머가 지칭하는 소비자의 개념이 모호하다 보니 정상적으로 제품을 구매한 후 사용상 하자가 발생하여 클레임을 제기한 소비자까지 블랙 컨슈머로 오인되는 사례가 종종 발생한다. 클레임(claim)이란 고객이 상품을 구입한 후 상품에 대한 불평이나 불만을 기업에 제기하는 것을 말한다. 한편에서는 고객이 조금만 강도 높게 항의해도 매장 직원들이 '이 고객이 블랙 컨슈머가 아닌가'하는 눈초리로 바라보고 수군거린다. 이런 식이면 자칫 정상적인 클레임을 제기하는 일반 소비자까지 블랙 컨슈머로 간주하는 현대판 마녀사냥이 왕왕 발생할 수 있다. 이것은 바람직하지 않은 일이며, 건전한 의견을 말하는 정당한 소비자의 권리를 제약할 수 있다.

◆ ◆ ◆

한편, 한국소비자원에서는 공식적으로 '블랙 컨슈머'라는 용어를 사용하지 않는다고 한다. 한국소비자원의 입장에서 보면 다 같은 민원인이기 때문이다. 또 누가 악덕 소비자인지 구분이 용이하지도 않고, 소비자 보호의 목적상 '블랙 컨슈머'라는 용어를 쓸 이유가 없다는 것이다. 하지만 블랙 컨슈머라는 용어를 사용하지 않는다고 해서 악덕 소비자를 옹호한다는 의미는 아니다. 이러한 악덕 소비자의 행위는 분명히 '소비자의 문제행동'이며 개선되어야 할 문제로 보고 있다.

지칭하는 용어가 무엇이든 현실적으로 문제적 행동을 하는 소비자들이 늘어났다는 데에는 기업이나 각 소비자 단체 모두 대체로 일치된 반응을 보이고 있다. 그리고 이러한 악덕 소비자들이 기업은 물론 일반 소비자와 사회, 소비자 단체들에까지 악영향을 끼치고 있다는 데에도 인식을 같이 하고 있다.

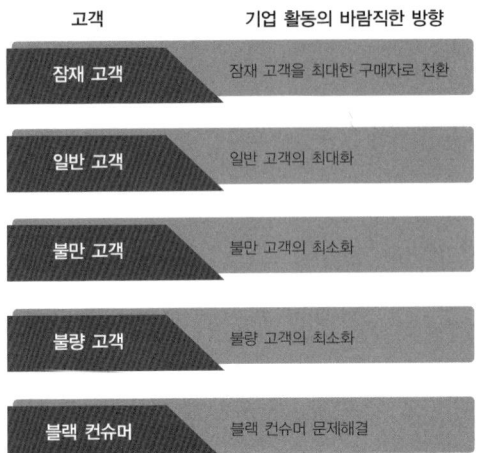

◆ 기업 입장에서 본 소비자 개략도

입장에 따라 여러 가지 이름으로 불리는 소비자를 기업의 입장에서 개략적으로 분류해본 그림이다.

소비자 중 제품을 구매한 사람을 고객이라고 한다. 고객 중에서 '일반 고객'은 제품을 구입하여 제품의 쓰임새에 맞게 잘 사용하고 제조업체나 판매업체에 아무 민원(A/S요청)을 제기하지 않는 고객층이다. 이들은 판매처에 제품사용법에 대해 문의를 하는 정도를 제외하고 고객센터에 연락하는 일이 거의 없다. 기업에 실질적인 이익을 주는 고객층이다. 일반 고객층이 많아질수록 기업의 이익은 증가한다.

'잠재 고객'은 아직 제품을 구매하지 않았지만 향후 구매할 가능성이 있는 고객층이다. 기업 마케팅의 주된 관심을 받고 있는 층이다. 언제든지 구매 고객이 될 수 있고, 제품에 관한 여론을 형성할 수 있다는 점에서 가볍게 볼 대상이 아니다.

'불만 고객'은 A/S센터를 찾은 고객으로 분류하였다. 사용하던 제품이 고장 나거나 노후화된 부품을 교환하기 위해 고객센터를 찾은 고객들이다. 정상적인 제품 사용으로도 발생할 수 있으므로 정상적인 고객층이다. 정상적인 제품 사용 중에 발생한 고장으로 A/S센터를 찾는 경우 고장을 빠르게 해결해주면 불만 고객은 다시 만족하게 된다. 이들은 구매 당시에 가졌던 기대와 다른 성능 때문에 민원을 일으킬 수 있다. 애초에 기대했던 제품과 달라 환불을 요구하거나 일정 기간 사용한 후 환불을 요구할 수도 있다. 상황에 따라 환불해주거나 다른 제품으로 변경 구매하도록 조치할 경우 불만이 해소될 수 있다. 기업은 이들의 재구매 행위를 유도하기 위해 최대한 서비스를 제공할 필요가 있다. 불만 고객의 발생을 최소화시키는 것이 품질 향상과 서비스 만족을 위해 기업이 노력해야 할 부분이다.

다음으로 '불량 고객'은 기업이 고객의 불만을 해결하는 데 통상적인 불만 고객에 비해 서비스비용이 과다 지출하도록 만드는 고객층이다. 고객 성향이 까다로워 불량 고객이 될 수도 있고 제품이나 서비스 문제로 불량 고객이 발생할 수 있다. 만

Case 2 블랙 컨슈머란 무엇인가?

약 민원 해결에 실패하거나 해결까지 시간이 너무 지연되어 불량 고객이 발생한다면 기업의 고객 서비스에 문제가 있는 것이다. 애초에 해결할 수 있는 문제에 주의를 기울이지 않아 문제를 더 크게 키우게 될 수 있다. 또 제품을 구매하자마자 불량 고객이 되는 경우도 있다. 단순한 변심에 의해 제품을 환불하거나 환불 기간이 지났는데도 막무가내로 환불을 요구할 수 있다. 심지어 매장에서 고함을 지르거나 인터넷에 좋지 않은 얘기를 올리겠다고 위협을 가하기도 한다. 거만하고 까다롭고 상식이 통하지 않는 이들은 기업의 불량고객이다.

마지막으로 이른바 '블랙 컨슈머'가 있다. 이들은 기업으로부터 거액의 합의금을 받아낼 목적으로 악성민원을 제기하는 소비자들이다. 고의로 제품에 하자를 유발하거나 식품에 이물질을 넣는 등의 행동이 많이 알려져 있다. 한국소비자원과 같은 공신력 있는 소비자보호기관에 민원을 접수하기보다는 기업을 직접 상대하거나 인터넷에 사진 등을 유포시켜 언론플레이를 하는 경우가 다반사이다. 이들은 범죄자에 가깝다.

불량 고객 중에서 문제적 행동이 지나치거나 〈소비자분쟁해결기준〉을 넘어서는 과도한 보상을 요구하는 경우도 블랙 컨슈머로 볼 수 있다.

블랙 컨슈머의 범위

블랙 컨슈머의 범위가 다소 모호하지만 고객담당자들의 의견과 언론보도를 종합하여 보면 공통적인 특징이 발견된다. 이 책에서는 블랙 컨슈머의 범위를 ❶식품에 일부러 이물질을 넣거나 제품을 고의로 고장 낸 뒤 기업에 과도한 보상을 요구하는 소비자, ❷하자에 관해 기업의 고객센터나 한국소비자원을 통하지 않고 과도한 합의금을 받기 위해 언론에 먼저 유포하거나 인터넷에 공개하여 기업을 협박하는 소비자, ❸하자 발생시 〈소비자분쟁해결기준〉 또는 기업의 보상규정을 넘어선 보상을 요구하며 비상식적인 행동을 하는 소비자까지로 보고 설명하고 있다.

앞서 언급한 '까다로운 소비자'는 블랙 컨슈머로 보기 어려워 제외했다. 고객이 까다롭게 굴거나 꼬치꼬치 캐묻는 등 직원을 귀찮게 하는 행동을 한다고 해서 무조건 블랙 컨슈머로 보는 것은 적절하지 않다. 왜냐하면 그 정도의 불만 제기는 사회적으로 용인되는 수준이라고 볼 수 있기 때문이다. 식품에 '실제로 들어 있는 이물질'을 신고하여 '보상 범위 내에서' 분쟁을 해결하려는 소비자도 역시 블랙 컨슈머가 아니다. 기준을 정하기가 대단히 어렵지만 불법성과 범죄행위 성립 여부 등을 기준으로 구분한다면 보다 명확해질 것이다.

03
기업들, 고객의 부당한 요구에 괴롭다

대한상공회의소가 국내 기업들을 대상으로 소비자로부터 부당한 요구를 당한 적이 있는지를 조사하였다. 다수의 조사 대상 업체가 고객으로부터 부당한 요구를 당해 곤욕을 치른 경험이 있다고 답하였다. 부당한 요구를 한 고객들이 전부 블랙 컨슈머라고 단정할 수는 없다. 하지만 2007년(61%)에 비해 2008년(87%)에는 부당한 요구를 당한 경험이 26%나 늘어났다. 2011년 조사에서는 83%로 다소 주춤하였으나 여전히 높은 비중이다. 빈번하게 부당한 요구에 시달린다는 기업도 2007년 21.8%에서 2008년 50%로 두 배 이상 급증하여 '소비자의 문제행동'이 점점 증가하고 있음을 알 수 있다.

◆ ◆ ◆

고객이 제기하는 부당한 요구는 적정한 수준을 넘는 과도한 보상 요구가 절반을 넘어섰다. 기업의 서비스 보상 규정에도 없는 환불과 교체 요구, 무상 수리 기간이 지났는데도 무상 수리를 무리하게 요구하는 행위가 있었던 것으로 조사되었다.

기업에서 고객에게 제공하는 서비스 수준은 제품 고장 정도와 사용 기간 등에 따라 차등화되는데 과도한 보상을 요구하거나 새 제품으로 교환을 원하는 등 억지를 부린다면 기업의 입장은 곤란해진다. 더구나 자신들의 요구를 들어주지 않으면 인터넷 게시판에 부정적인 글을 올리겠다고 협박하는 고객들이 기업의 어려움을 가중시킨다.

고객의 입장에서는 기업에 더 좋은 서비스를 요구할 수 있다. 하지만 자신의 입장만 고집한 채 지나친 보상을 요구하는 것은 바람직한 소비자 행동으로 보기 어렵다. 더구나 인터넷에 악의적인 글을 올려 기업을 망하게 만들겠다는 식의 위협은 형법상 처벌이 가능한 협박죄가 성립될 수 있다. 고객 서비스 담당자들은 고객을 상대로 일일이 고소할 수도 없는 일이라서 불량 고객들 때문에 겪는 기업의 말 못할 고충이 이만저만이 아니다. 2011년 조사에 따르면 인터넷·언론 유포 위협이 가장 큰 애로사항으로 파악됐다.

구 분	인터넷 언론유포 위협	폭언	고소 고발 위협	업무에 방해되는 연락·방문	기타
합 계	71.0%	39.7%	17.6%	16.8%	1.1%

◆ 악성 클레임 처리 관련 애로사항 (출처: 대한상공회소 2011년 9월)

구 분	폭언	언론유포 위협	무리한 보상요구	설명서에 잘 명시된 사항 상담요구	상습적 반품요구
경험 있다	64.3%	59.6%	57.5%	55.3%	39.3%
경험 없다	35.7%	40.4%	42.5%	44.7%	60.7%
합 계	100%	100%	100%	100%	100%

◆ 악성 클레임 처리 관련 애로사항 (출처: 대한상공회의소)

    응답 기업의 75.8%는 고객의 부당한 요구를 들어주었다고 응답했는데 그 이유는 기업의 이미지 훼손이 우려되거나 지속적인 부당요구에 따른 업무방해, 고소·고발에 휘말리기 싫어서인 것으로 조사되었다. 특히 조사대상 기업들은 분쟁 내용의 진위 여부를 확인하기도 전에 소비자의 주장이 언론매체를 통해 여과 없이 알려지면서 기업에 억울한 피해가 발생했다고 우려를 나타내었다. 또한 사실 여부가 파악되기도 전에 기업의 책임으로 일방적으로 몰아가는 사회적 풍토를 문제점으로 지적했다.

04 블랙 컨슈머가 일으키는 피해

블랙 컨슈머의 문제적 행동이 기업에만 피해를 줄 것이라고 생각하기 쉽다. 그러나 블랙 컨슈머가 일으키는 피해는 예상보다 광범위하다. 기업, 일반 소비자, 소비자 단체, 사회 전반에 걸쳐 피해를 입히고 있다.

기업의 서비스 비용 증가와 이미지 훼손

블랙 컨슈머가 노리는 것은 기업이 이미지를 중시한다는 특성을 이용해 보상금을 받아내는 것이다. 기업은 이러한 블랙 컨슈머를 처리하기 위해 시간과 비용을 들이게 된다. 증가된 비용은 고스란히 제품가격에 반영되어 결국 일반 소비자에게 전가된다. 불필요한 보상금 지급과 서비스 비용의 증가는 제품가격의 상승을 야기한다. 가격 상승은 판매저하로 이어지므로 결과적으로 기업에게도 불리하다. 다른 민원을 해결하는 데 들여야 할 노력을 악덕 소비자를 상대하느라 소모하여 기업의 인적 자원이 낭비된다. 결국 적극적인 기업 활동이 이루

Case 2 블랙 컨슈머란 무엇인가?

어지지 못하고 위축될 수밖에 없다.

비용증가

• **기업 측면**

서비스 비용의 증가, 직원들의 감정 노동 스트레스 증가, 기업 이미지 훼손

• **소비자 측면**

구입가격 상승, 불안감, 불신

• **사회적 측면**(정부, 국가)

사회적 불안 요소의 증가, 사회적 비용 증가

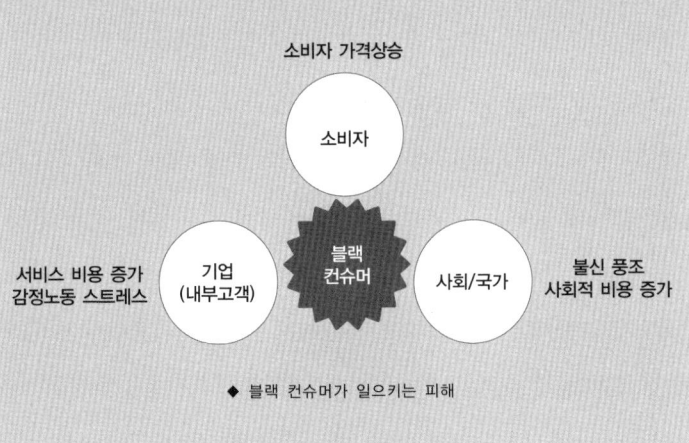

◆ 블랙 컨슈머가 일으키는 피해

블랙 컨슈머는 소비자에게도 피해를 준다

❶ 소비자 가격 상승 – 블랙 컨슈머의 문제적 행동들은 기업의 비용을 증가시키고 이것은 최종 소비자의 부담으로 돌아간다. 기업에게만 피해를 입히는 것이 아니라 일반 소비자들도 블랙 컨슈머의 처리 비용을 지불하고 있는 셈이다.

❷ 억울하게 블랙 컨슈머로 오해받는 경우 – 진짜 이물질 피해를 입었었음에도 불구하고 블랙 컨슈머로 오해를 받는 불합리한 일이 발생할 수도 있다.

소비자 단체도 악덕 소비자 때문에 시달린다

한국소비자원 자료에 따르면, 소비자 상담을 담당하는 소비자원이나 소비자단체의 담당자들도 문제적 행동들 때문에 스트레스를 받고 있는 것으로 조사됐다. 악덕 소비자 중에는 소비자 피해를 구제해주는 한국소비자원이나 소비자단체를 상대로 억지 주장을 펴는 경우도 종종 있다. 이로 인해 기업의 민원 담당자는 물론 소비자원이나 소비자 단체의 담당자들까지 곤혹스럽러운 일을 겪고 있다.

보상금을 노리고 거짓으로 피해를 만들거나 손해액수를 부풀리는 등의 악의적인 제보를 하면 민원처리 시간이 길어져서 다른 민원을 처리하지 못하게 된다. 블랙 컨슈머는 소비자를 보호하기 위해 마련한 제도적 장치를 자신의 이익 추구를 위한 도구로 전락시키고 있다.

일상생활 속 범죄가 부르는 사회 불신 풍조

서울 명동에서 중국 음식점을 운영하는 어느 업주는 한 손님으로부터 짜장면에서 철수세미 가닥이 나왔다는 항의를 받았다. 마침 식사 시간이라서 음식점 안은 사람들로 북적이고 있었고, 업주는 옆 손님들에게 피해가 갈까 싶어 얼른 사과를 했다. 그런데도 피해를 당했다는 손님이 계속 큰 소리로 항의를 하는 바람에 7만 원을 주고 내보냈다고 한다.

원칙적으로 음식에 이물질이 들어가면 안 되는 것은 잘 알지만, 음식을 만들다 보면 아무리 조심해도 실수가 있을 수 있다고 음식점 주인은 말한다. 그렇기 때문에 음식에서 뭔가 이물질이 나왔다고 하면 손님을 의심하기보다는 일단 손님에게 사과하고 음식 값을 받지 않거나 보상 차원에서 몇 만 원 정도를 지급한다고 한다. 식당에서 고래고래 소리를 지르는 손님이 있다면 이유가 어찌됐든 다른 손님들에게 나쁜 영향을 주게 되므로 업주는 빨리 해결하는 방법을 찾을 수밖에 없는 것이다.

71 불량 고객은 연쇄반응을 일으킨다

불량 고객 문제를 제대로 처리하지 못하면 다른 고객들의 불만을 일으킬 수 있다. 아무 불만이 없던 고객들도 '내가 구매한 제품에도 문제가 있지 않을까?'라고 생각하게 되며, '억지주장을 해도 다 들어주는구나'라는 잘못된 인식을 할 수 있다. 악의적으로 기업에 불리한 구매후기를 올리면 다수의 선량한 소비자들이 잘못된 정보를 접하게 된다. 기업이 피해발생에 대한 민원 처리를 할 때에도 척척 해결해주는 모습을 보여주지 않으면 처리과정의 불평이 다른 사람에게 전파될 수 있다. 이러한 것이 두려워 원칙 없이 무조건 보상해주면 이 역시 소문을 타고 다른 소비자들에게까지 악영향을 미치게 된다.

모방범죄

블랙 컨슈머 사례가 보도되면 해당 기업에 유사한 신고가 많이 들어온다고 한다. 앞서 살펴본 미국 웬디스의 손가락 사건이 보도됐을 때에도 수프에서 이물질이 발견됐다는 허위 신고가 줄을 이었다.

국내의 한 식품업체에서도 허위 이물질 신고에 대해 유사한 피해를 막으려는 취지로 웹사이트에 허위 신고 사례를 올렸는

데 오히려 그와 유사한 허위 신고가 늘었다고 한다. 악용하는 사람들 때문에 사소한 정보라도 공개하기를 꺼려하는 분위기가 관련 업계에 역력하다.

고통받는 서비스 직원

사실 기업에 근무하는 직원들도 기본적으로 소비자들이다. 그런 점에서 블랙 컨슈머의 행동은 소비자인 직원들에게 큰 스트레스를 준다. 고객들 앞에서 항상 웃음을 지으며 "안녕하십니까? 고객님"을 연신 외치는 직원, 전화에 대고 소리부터 지르는 몰상식한 고객에게 "고객님 너무 죄송합니다"라고 말해야 하는 텔레마케터. 이들은 자신의 감정을 억누른 채 일하고 있다.

전국 민간서비스산업노동조합연맹의 설문조사에 따르면, 서비스직 종사자를 대상으로 감정노동 우울증 실태를 조사한 결과 심리상담이나 정신과 치료가 필요한 우울 증세를 겪고 있는 서비스 직원의 비율이 26.6%나 되었다. 하루 종일 운전하는 버스 기사(13.3%)보다 2배나 높은 비율이다. 서비스 산업 종사자가 갈수록 증가하고 있는 상황에 감정노동 후유증은 결코 가벼이 여길 문제가 아닐 것이다. 대표적인 후유증은 주로 가슴이 답답하고 숨을 쉬지 못할 것 같은 과호흡 증상이다. 무엇보다 '감정의 부조화'가 가장 큰 원인이다. 고객과의 대면시간이 길어지면서 자신의 감정과 담당직원으로서의 감정 사이에 발생하는 부조화 때문에 스트레스를 받게 되는 것이다. 서비스에 대한 소비자의 요구수준이 지나치게 높아지면서 담당자를 마치 개인 비서나 하인 취급하는 경우가 허다하다. 콜센터의 업무 특성상 인간적인 모욕을 당해도 먼저 전화를 끊을 수 없다 보니 고객의 잘못을 지적하지도 못한 채 담당직원이 고스란히 스트레스를 견디고 있다.

05
단번에 알아보는
블랙 컨슈머의 특징

기업의 고객 서비스 담당자가 말하는 블랙 컨슈머의 특징

　블랙 컨슈머는 대개 선량한 소비자로 위장하거나 정당한 소비자의 권리행사로 보이게끔 포장하기 때문에 일반 소비자와 구별하기가 대단히 어렵다. 블랙 컨슈머가 노리는 것은 사실관계를 확인할 만한 증거가 절대적으로 부족하거나 신고자의 진술에만 의존할 수밖에 없는 사건들이다. 반대 증거가 없으면 신고자의 말이 거짓인지 참인지 밝히기 어려운 점이 있다. 이럴 경우 클레임 내용을 주의하여 지속적으로 경청하면 민원인이 원하는 것이 무엇인지 파악된다. 일반 소비자들의 정당한 요구와 다른 점을 발견할 수 있다.

　블랙 컨슈머는 구입한 제품에 하자를 발견한 경우 한국소비자원이나 각종 소비자협회에 신고하기보다 해당 기업에 직접 연락하여 거액의 합의금을 요구하는 방법을 택한다. 판매업체를 통해 교환이나 반품을 받는 것이 일반적인 해결방법인데, 제조업체에 직접 연락을 하여 〈소비자분쟁해결기준〉을 상당히 넘어서는 과도한 보상금을 요구한다.

블랙 컨슈머는 피해규모를 과장하거나 강조하여 더 많은 보상금을 받으려고 기업과 협상을 벌인다. 소비에트식 협상의 대가들이라고 볼 수 있다. 이들은 기업에 사회적 파장과 기업 이미지 실추 등을 강조하며 합의를 강요하는 태도를 보인다. 요구를 들어주지 않으면 인터넷, 블로그에 글을 올리겠다며 어떻게 되는지 두고 보자는 등의 논리로 기업을 압박한다. '친척 중에 기자가 있다'고 이야기하며 언론에 유포시키겠다는 협박을 하기도 한다. '쥐 식빵' 사건처럼 애초부터 인터넷에 공개하여 기업 이미지를 추락시키는 전법을 구사하기도 한다.

블랙 컨슈머는 자기중심적 문제 해결에 집착하여 다른 사람의 말을 들으려고 하지 않는다. 고객 서비스 담당자가 아닌 직급이 높은 책임자와 직접 협상하려 한다. 협상을 해도 보상금액을 먼저 말하지 않고 알아서 내놓으란 식으로 나온다. 자신이 사회 정의를 실현하고 있다고 착각하고 있으며 친척 중에 힘 있는 사람이 있다고 과시한다. 자신이 지불한 돈의 가치를 터무니없이 과장한다.

블랙 컨슈머는 범죄와 일상의 경계선을 아슬아슬하게 넘나든다. 식품에 이물질을 넣고 해당 업체를 협박해 보상을 받으려는 행동은 범죄행위이다. 안 들키면 그만이고 들켜도 몰랐다고 말하면 용서받을 것으로 생각하지만, 이는 심각하고 명백한 범죄행위이다.

　이상은 고객 서비스 담당자들이 경험한 블랙 컨슈머들의 주요 특징이다. 단순히 까다로운 고객이거나 일시적으로 화가 난 고객과는 구별된다. 권리의식이 높아 까다로운 고객들이나 직원의 단순 실수로 인해 화가 난 고객들은 그 원인이 되는 문제를 해결해주면 금세 불만도 해소된다. 하지만 블랙 컨슈머의 요구는 정도가 지나쳐 수용이 불가능할 정도로 터무니없는 요구일 때가 많다.

고객이 화를 내는 이유

　심리학자들의 설명에 따르면, 집에 도둑이 들었을 때 사람들이 화를 내는 이유는 물건을 잃어버렸다는 사실보다 자신의 평온한 일상에 느닷없이 누군가 개입해 평화가 깨졌기 때문이다. 자신의 영역에서 자신이 통제하지 못한 일이 발생한 것에 분노하는 심리이다. 매장 직원에게 화를 내는 고객은 제품이나 서비스에 문제가 있어서 항의를 하는 것이지만 심리적으로 보면 사실 그 고객은 자기 자신에게 화가 난 것이다. 제품을 잘못 고른 책임, A/S가 자기 마음처럼 빠르게 진행되지 않는 점, 제품의 하자로 자신의 시간을 빼앗기고 계획이 어긋나 버린 데 대한 화풀이를 담당 직원에게 하는 셈이다. 개인주의적인 성향이 강할수록 자신의 영역에서 발생한 하자에 대해 짜증을 내고 조급증을 보일 수 있다. 화가 난 상태에서 A/S센터에 연락을 하게 되므로 사소한 말에도 크게 반응을 하는 것이다. 상담 중에 고객은 자기 뜻대로 되지 않기 때문에 더욱 화를 내게 된다. 문제적 행동을 하는 고객들은 자신의 생각만 옳고 기업의 처리 방식이 잘못됐다고 단정적으로 생각한다. 자신이 잘못 알고 있다는 것을 믿지 않기 때문이다.

 A/S센터에 전화를 하는 사람들은 대개 짜증이 나 있는 상태다. 어떠한 설명을 해도 믿지 못하겠다는 자세를 보인다. 고객 담당자는 근무 규칙상 어떤 상황에서든 화를 내거나 큰소리쳐서는 안 되므로 참고 삭히고 친절한 목소리로 응대를 해야 한다. 도대체 고객은 왜 이렇게 화를 내는 것일까? 고객 당사자의 입장에서는 정당한 요구를 하고 있다고 생각하는데 고객 담당자는 자꾸 아무 이상 없고 안 된다고만 하니까 답답해지게 된다. 그러므로 제품의 하자문제도 해결해야 하지만 고객 스스로 화난 상태를 누그러뜨릴 필요가 있다.

사장 나오라고 해!

 TV나 영화에 보면 항의하는 사람들이 툭하면 "사장 나오라고 해! 지배인 불러와!"라고 소리친다. 회사의 사장이나 임원은 고객이 소리를 지른다고 만날 수 있는 사람이 아니다. 과도한 자신감이 흐르는 블랙 컨슈머들은 매장 담당자나 고객센터 담당자를 젖혀두고 곧바로 최고 책임자를 만나려고 하는 특징이 있다. 즉 규칙(rule)을 깨려고 하는 것이다. 불만사항을 처리하는 업무 프로세스가 정해져 있지만 불량 고객들은 이 규칙을 지키지 않는다.

자신의 약한 점을 큰 소리 뒤에 감추려 하고, 지배인이나 최고 책임자를 불러달라고 해서 자신이 대단한 존재라는 것을 드러내려고 한다. 실상을 알고 보면 그냥 평범한 사람들이 대부분이다.

이거 사기 아닌가요?

온라인쇼핑몰 사업자라면 한번쯤 들어본 소리일 것이다. 고객들이 자신의 목적을 달성하지 못했을 때 너무 쉽게 판매자에게 하는 말이다. 사기의 의미가 무엇인지 판매자를 사기꾼으로 모는 것이 얼마나 무서운 말인지도 모르고 내뱉는다. 자신의 스트레스를 정당한 방법으로 해소하려 하지 않고 남에게 떠넘기는 무책임한 방식으로 푼다.

가령 온라인 쇼핑몰에서 옷을 구매한 경우 단순 변심으로 반품을 하면서도 반품 수수료를 내지 않기 위해 옷을 살짝 뜯어 실밥이 나오게 하거나 고의로 훼손해 제품 이상을 이유로 반품 처리하는 것이다. 그러면서 판매자에게 불량품을 판매하는 사기꾼이라고 비난을 퍼붓는다. 옷이 마음에 안 들어도 사기라고 주장한다.

Case 3

블랙 컨슈머, 왜 생겨날까?

01 몇 가지 발생 원인

고객 서비스 담당자들이 꼽는 블랙 컨슈머의 발생 원인은 소비자 개인의 성향에서부터 경제적 상황 악화에 이르기까지 다양하다.

개인의 성향	언론보도	소비환경의 변화
과도한 친절의 부작용	생계형 범죄의 유혹	입소문 마케팅의 역효과
기업의 부적절한 대응		인터넷의 정보과잉

◆ 블랙 컨슈머의 발생 원인

Case 3 블랙 컨슈머 왜 생겨날까?

개인적 성향

블랙 컨슈머로부터 과도한 요구를 당한 경험이 있다는 고객 서비스 담당자들은 문제 발생의 원인으로 고객의 '성격'을 꼽고 있다. 즉 고객 개인의 성향에 따라 클레임의 정도가 다르게 나타난다는 것이다. 개인적인 성향이다 보니 부도덕한 행위를 사진에 막을 수 있는 방법은 거의 없다는 것이 일반적인 의견이다. 사기행위가 완전히 근절된 국가는 없으므로 형사처벌에 의한 예방 효과를 기대할 수밖에 없는데, 범죄에 해당하지 않거나 고소가 불가능한 상황이라면 형사처벌은 무용지물이다. 특히 블랙 컨슈머는 합법과 불법의 경계선을 넘나들면서 범죄행위일지라도 기업이 함부로 고소할 수 없는 상황을 교묘히 이용하기 때문에 법에 의한 처벌이 쉽지 않다.

블랙 컨슈머의 행동은 상황에 따라 변할 수 있다. 즉 문제행동을 통해 얻을 수 있는 이익이 클수록, 불만족도가 높을수록, 적발될 확률이 낮을수록, 증거를 대기 어려울수록, 상대의 약점을 알고 있는 경우 계획적으로 또는 우발적으로 문제행동을 벌일 수 있다.

고객 서비스 담당자들은 이른바 '진상' 고객에 대해 '정신이 상자가 아닐까?' 하는 생각이 들 때도 있다고 한다. 이러한 고객들은 신경이 예민해서 조금만 자기 마음에 안 들어도 매장에서 옷을 벗어던지거나 갑자기 소리를 지르는 등 신경증적인 행동을 보인다. 처음에는 너무도 멀쩡하게 조용히 이야기하다가 어느 순간 눈을 부라리며 날카로운 목소리를 내기도 해 주변 사람들을 당황하게 만들기도 한다.

소비환경의 변화

인간의 경제활동은 결국 원하는 생활수준을 달성하기 위한 소비를 목적으로 한다. 소비행동은 환경의 영향을 받으며 끊임없이 변화한다. 결과적으로 소비환경의 변화가 소비자의 행동에 큰 영향을 미치는 것이다.

소비자 보호제도가 정착되면서 소비자 주권이 과거보다 강화되었다. 유통업체 간 경쟁이 심해진 결과 지속적인 가격파괴 현상도 나타나고 있다. 소셜 커머스의 등장은 이러한 가격파괴를 가속화시켰다. 계층별 소득격차가 심화되면서 소비시장 양극화의 골도 깊어졌다. 또한 글로벌화에 따라 국내 시장에 만족하지 않고 외국에 직접 가서 구매를 하거나 구매대행 사이트를 통해 외국 물건을 구매하는 소비자도 늘어나고 있다. 이러한 현상은 인터넷 사용 인구의 급격한 증가와 소셜 미디어의 역할이 커짐에 따라 점점 더 뚜렷해지고 있다.

생계형 범죄의 유혹

 손쉽게 돈을 벌 수 있다는 범죄의 유혹도 블랙 컨슈머 발생 원인 중 하나다. 경제가 어려워지고 양극화가 심해지면서 큰 노력 없이 쉽게 돈을 버는 방법이라면 뭐든 아무렇지 않게 받아들이는 도덕적 해이가 심각해졌다. 자신만큼은 처벌받지 않을 것이라는 막연한 기대심리가 죄의식을 둔감하게 만든다. 하지만 자칫하면 일상에서 지속되는 기회가 범죄로 이어질 수 있다는 점에서 더욱 위험하다.

 모 대학 강사인 박 모 씨(33세)는 식품에 이물질을 넣고 허위 신고를 하여 여러 기업들로부터 보상금과 식품을 받았다. '햄에서 바퀴벌레가 나왔다'며 제조업체에 전화를 해서 '보상금을 주지 않으면 언론에 제보하겠다'고 협박한 결과 900만 원 상당의 보상금과 햄을 받아낸 사실도 드러났다. 같은 전화번호로 여러 기업에 제보가 들어간 것을 수상히 여긴 한 기업에서 블랙 컨슈머를 의심해 경찰에 고발했고 결국 박 씨는 구속되었다.

 박 씨는 경찰에서 "시간 강사 월급이 40만 원밖에 되지 않아 임신한 부인에게 미안했다"며 "거짓 이물질 신고로 생활비를 벌어야겠다고 생각했다"고 진술한 것으로 알려졌다. 고학력자인 박 씨가 생계형 블랙 컨슈머로 전락했다는 사실이 밝혀져 충격을 더했다.

언론보도

　기업의 고객 서비스 담당자들은 언론의 선정적 보도 역시 블랙 컨슈머 현상을 부추기는 문제점으로 꼽는다. 사실관계가 밝혀지기도 전에 성급히 추측성 보도를 내보내는 바람에 문제가 더 커진다는 주장이다. 사실관계가 밝혀지기까지는 시간이 걸릴 수밖에 없는데, 추측 보도가 나간 뒤 조사에 들어가 해당 기업의 과실이 아닌 것으로 밝혀진다 해도 기업은 이미 여론의 뭇매를 맞아 만신창이가 되어 회복이 어려운 상태이기가 쉽다. 그러나 사건 발생 초기에 적극적으로 대처해 여론을 진화하지 못한다거나 미숙한 일처리로 원인 파악이 늦어져 언론을 상대로 적절한 시점에 적절한 정보를 제공하지 못했다면 기업 측에도 일정 부분 책임이 있다. 언론은 언론대로 균형 잡힌 보도를 해야 한다는 의무감에 피해 소비자의 문제 제기만으로 보도를 하기보다 자연스레 해당 기업의 의견을 묻는 것이 취재의 수순이다. 이때 기업이 언론에 정확한 정보나 진행 상황을 적극적으로 알리지 않으면 대중들에게는 피해 소비자의 주장만 전부인 것처럼 일방적으로 전달될 수 있다. 일부 선정적 보도도 문제겠지만 대언론 관계와 홍보에 있어서는 해당 기업의 신속한 위기 대처 능력과 커뮤니케이션 전략이 필수다.

Case 3 블랙 컨슈머 왜 생겨날까?

입소문 마케팅의 역효과

　입소문 마케팅이란 제품 구매후기나 추천의 글이 소비자들 사이에서 입소문으로 퍼져나가도록 유도하는 마케팅 방법이다. 원래 입소문은 자발적인데 인위적인 방법으로 입소문을 유도하고 퍼트리는 방식이다 보니 입소문 '마케팅'이라고 부른다. 한때 입소문 마케팅에서 가장 큰 영향력을 행사한 사람들은 아마 파워 블로거들일 것이다. 이들의 등장으로 마케팅의 효과를 본 업체 역시 다수 존재한다.

　그런데 어느 순간부터 인위적인 입소문 마케팅의 부작용이 나타나기 시작했다. 판매자로부터 '온라인 공간에 글을 올려 소문을 내주는 대가'로 비용을 받은 일명 '알바'(댓글 아르바이트)들이 노골적으로 활동하기 시작하면서 눈치 빠른 소비자들이 상품 구매후기를 의심하기 시작했다. 상황이 이렇다 보니 실구매자의 진짜 상품평까지 알바의 댓글로 오인되는 역효과도 발생하였다. 실구매자의 글과 '알바'의 글을 구별하기가 쉽지 않는다는 점을 노린 일부 기업들이 긍정적인 구매후기를 인위적으로 만들어 여론 형성을 시도하였다. 부정적인 후기나 댓글을 사전에 관리한다는 기업의 의도가 기형적인 마케팅을 낳았고, 있는 그대로 보여지는 것을 두려워하는 기업의 속성을 역으로 이용해 기업을 위협함으로써 자신들의 잇속을 차리는 블랙 컨슈머가 등장한 것이다.

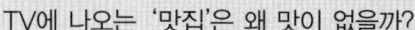

TV에 나오는 '맛집'은 왜 맛이 없을까?

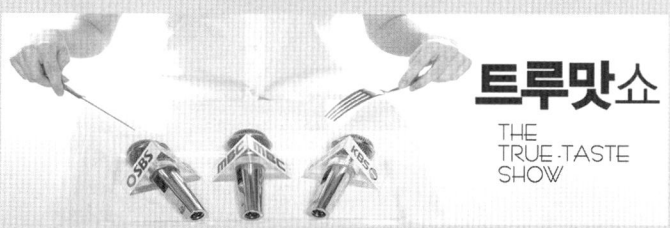

◆ 출처 : '트루맛쇼' 블로그

　　　　　　　2010년 발표된 국세청 통계자료에 따르면 우리나라에서는 하루 515개의 식당이 창업하고 474개가 폐업한다. 외식산업이라고 해서 자본주의 정글의 법칙에서 예외가 될 수 없었다. 식당 업주들에게는 음식의 맛과 위생적인 환경으로 승부하는 식당 본연의 미덕보다, 생존을 위한 처절한 몸부림만이 최대의 관심사로 남게 됐다. TV 추천 맛집은 이런 배경에서 탄생했다. 식당의 생존을 위해서는 당연히 손님이 몰려야 하는데, 대중적으로 권위 있는 기관의 '맛집 추천'은 손님을 몰아오는 보증수표 같은 절차였다. 도심의 웬만한 '먹자골목'에서는 한 집 건너 한 집 꼴로

Case 3 블랙 컨슈머 왜 생겨날까?

'추천 맛집'들이 줄지어 서 있을 만큼, 대한민국 곳곳에는 추천 맛집이 넘쳐났다. 대한민국의 방송사들은 전국의 기가 막힌 맛집들을 탐지하는 특별한 안테나라도 가지고 있는 것일까? '맛집 범람 공화국' 대한민국의 실체를 속속들이 까발린 다큐멘터리 영화가 제작되었다. 다큐멘터리에 따르면 사실은 1천만 원의 출연료만 있으면 누구나 '추천 맛집'의 주인공으로 TV에 출연할 수 있다는 것이었다. 2011년 전주국제영화제에서 상영되어 관객상을 수상한 다큐멘터리 〈트루맛쇼〉(김재환 연출, 2011년)는 "나는 TV에 나오는 맛집이 왜 맛이 없는지 알고 있다"는 내레이션으로 시작한다. 방송국과 일부 식당들의 검은 거래를 낱낱이 밝히기 위해 감독은 실제로 식당을 차려놓고 출연료를 빌미로 한 맛집 홍보 프로그램에 연락을 취해 스스로 그 사기극의 현장에 들어갔다. 음식이 정말 맛있다며 손가락을 추켜세우는 손님들은 모두 촬영을 위해 섭외되는 가짜 손님들이었다. 이런 식이라면 '광고라고 밝히지 않았으니 기망이고 일종의 사기극이다'라고 말하는 사람까지 있다.

TV를 보면서 전국에 저렇게 많은 맛집이 있을 수 있을까 싶기도 하고, 음식을 인심 좋게 마구 퍼준다는 주인의 말에 의심을 품는 시청자도 있었겠지만, TV 방송사에서 섭외해 추천하는 맛집이라는 사실이 시청자들의 모든 의구심을 상쇄하는 권위로 작용했다.

그런데 사실은 광고비 조의 출연료만 있으면 누구나 출연할 수 있는 프로그램이었다. 이 다큐멘터리 영화의 내용이 100% 사실이라면 이제 더 이상 방송에 진정한 '맛집'은 없을 것이다.

맛집에 등장한 블랙 컨슈머

서울 명동 일대의 중국 음식점을 돌며 "짜장면에서 철수세미 가닥이 나왔다"고 소동을 벌여 음식점 주인으로부터 돈을 뜯은 블랙 컨슈머가 붙잡혔다. 범인은 플라스틱 통에 철수세미 조각을 가득 담아 가지고 다녔다. 별다른 제지를 받지 않고 계속해서 범행을 저지르며 돌아다닐 수 있었던 것은 음식점에서 의심 없이 돈을 주며 블랙 컨슈머의 의도대로 움직여주었기 때문이다. 블랙 컨슈머가 비단 블랙 컨슈머 개인만의 문제가 아니라는 점을 암시하는 사례이다.

맛집에 블랙 컨슈머가 나타났다고 가정해보자. 어느 손님이 음식을 거의 다 먹을 때쯤 입안에서 철수세미가 나왔다며 "TV에도 나온 음식점이 왜 이래!"하고 내뱉는다면? 아무런 동요 없이 침착하게 고객 불만의 진위부터 따져볼 수 있는 음식점 주인은 몇 명이나 될까?

'TV 추천 맛집'과 같은 인위적 마케팅이 크게 성행하면서 결과적으로 블랙 컨슈머에게 더 많은 여지를 만들어주게 된 셈이다. TV

> '추천 맛집'이라는 타이틀에 떳떳하지 못한 음식점 주인들은 블랙컨슈머의 뻔히 보이는 거짓말에도 아무런 대꾸를 못하게 된다. 조작된 맛집은 아무리 소규모일지라도 대외 이미지에 전전긍긍하게 만든다. 그래서 손님의 항의가 들어오면 '무조건 잘못했다'는 태도를 보이며 손님의 의도대로 움직일 수밖에 없는 것이다.

인터넷의 정보과잉

인터넷이 일반 가정에 보급되기 시작한 2000년도 전후만 해도 인터넷이 일상생활에 필수적인 존재가 되리라는 기대는 미미했고, 인터넷을 통한 서비스만을 이용해서 의식주를 해결하며 살아보기와 같은 미션을 수행하는 TV 프로그램도 신선하게 비춰졌다. 그러나 현재는 어떠한가. 인터넷은 우리 생활을 혁명적으로 바꾸었다. 인터넷 없이도 일상생활이 가능하다는 사람들이 오히려 신기하게 여겨질 정도이다.

그런데 문제는 인터넷에 대한 의존도가 높아지면서 인터넷에 범람하는 정보의 정확성과 신뢰도를 가늠하기가 쉽지 않다는 것이다. 전문적인 지식 분야로 들어가면 명백한 오류인데도 버젓이 웹사이트에 게시되어 있는 경우가 있고, 국내 최대

포털 사이트의 유명한 Q&A 코너에는 초등학생들이 답변을 단다는 소문이 있을 만큼 신뢰도가 떨어지고 있다. 인터넷이 오히려 잘못된 정보의 창구가 되고 있는 것이다.

문제는 소비자들이 특정 제품에 대한 정보를 얻는 채널로 가장 많이 활용하는 것이 바로 인터넷 공간이라는 사실이다. 기업은 제품에 대해 많은 정보를 가지고 있는 반면 소비자는 그렇지 못하다. 그래서 소비자는 앞서서 물건을 구매한 다른 소비자들의 후기나 제품 분석에 관한 정보를 얻기 위해 인터넷을 검색한다. 상품 구매후기를 읽으며 자신이 사고 싶은 물건에 대해 간접적인 정보를 얻는 것이다. 소비자가 잘못된 정보를 얻게 되는 것도 바로 이 지점이다. 몇몇 구매자의 상황에만 국한된 구매후기를 보고 제품에 대해 판단하는 오류에 빠질 수도 있다.

가령 상황에 따라 고객 불만에 대한 해결방법이 다른데도 불구하고 특정한 교환 사례에 대한 후기를 보고 무조건 교환이나 반품을 요구하면 쇼핑몰 운영자는 난감해진다. 홈쇼핑이나 인터넷 쇼핑몰에서 일단 물건을 구매해 사용한 후 교묘히 트집을 잡아 환불을 받는 노하우를 인터넷에 올린다면, 그런 사람 역시 다른 소비자의 억지 환불을 부추기는 불량 고객인 셈이다.

실제로 인터넷 쇼핑몰을 운영하는 사업자들이 고객관리에

서 가장 어려움을 토로하는 부분이다. 단순 변심에 의한 환불 요청임에도 이러이러하게 했더니 쉽게 되더라는 식의 구매후기가 돌아다니기 시작하면 덩달아 환불요청을 하는 고객들이 늘어난다는 것이다.

인터넷에 퍼뜨리겠다는 협박이 쉽게 먹히는 것도 이런 이유에서다. 불만 고객들의 일상적인 협박 내용은 "블로그나 인터넷 카페에 당신네 업체에 대한 나쁜 소문을 내겠다"는 것이다. 업체 입장에서는 입소문이 무서워 이런 불량 고객들의 요구를 들어줄 수밖에 없으니 악순환의 연속이다.

과도한 친절의 부작용

케이블TV 고객센터에 문의 전화를 한 적이 있다. 친절한 상담원이 전화를 받았다. 하지만 친절하다는 첫인상은 잠시뿐, 과도하게 친절한 목소리가 금세 부담스럽게 느껴지기 시작했다. 통화가 진행될수록 점점 '내가 과연 사람과 통화를 하는 것인지 아니면 음성인식 로봇과 통화하는 것인지' 헷갈리기 시작했다. 담당자의 목소리는 마치 기계음처럼 들렸다. 교통사고를 당해 당황하여 전화한 사람에게 과장되게 친절한 목소리로 "고객님! 교통사고를 당하셨습니까? 얼마나 놀라셨겠습니까?"라고 묻는다면 이것은 친절이 아닐 것이다. 사람에 따라 조롱으로 들릴 수도 있으므로 상황에 따른 '적절한 친절'이 필요하다.

기업의 부적절한 대응

블랙 컨슈머 문제를 해결해야 할 주체인 기업이 문제를 근본적으로 해결하지 않고 눈앞의 입소문을 막는 데 급급해 그냥 덮어버린다면 악순환이 계속될 수밖에 없다. 기업의 이러한 임시 처방도 블랙 컨슈머의 발생을 부추기는 한 원인이다. 블랙 컨슈머는 브랜드 이미지에 악영향을 줄 뿐만 아니라 장기적으로 기업의 서비스 비용이 늘어나게 하는 원인이다.

결국 선량한 다수의 피해자를 양산하는 문제 요소로, 퇴출 대상임에는 틀림없다. 기업은 블랙 컨슈머에 대한 임시 대응보다 블랙 컨슈머가 발생하지 않도록 하는 근본적인 해결책을 고민해야 할 것이다.

고객들이 제품이나 서비스에 대한 민원을 제기할 때 목소리가 큰 사람에게 더 신경 쓰는 경향을 보인다든가, 애초에 문제 있는 제품을 생산해놓고 민원 제기자에게 입막음 조로 보상금을 지급하는 식으로 위기를 넘기는 것은 결코 좋은 방법이 아니다. 소비자 탓만 하는 기업은 결국 소비자로부터 멀어지게 된다는 사실은 역사적으로 기업의 흥망사를 보면 알 수 있다.

　블랙 컨슈머를 만들어 내는 데에 일조하는 기업도 결국 블랙 컨슈머에 의해 망할 수 있다는 섬뜩한 사실을 잊지 말아야 할 것이다.

02 소비자 문제행동 원인 분석

다음 표는 한국소비자원에서 조사한 소비자의 문제행동 유형의 일부이다. 소비자, 기업(사업자), 정부 측면에서 문제되는 항목을 구분하고, 기업과 소비자 관련 기관 및 단체에서 각각의 문제행동에 대한 원인을 분석하였다.

한국소비자원의 조사에 따르면 소비자 측면에서 문제점은 소비자들의 기대 수준이 지나치게 높아 개인 비서와 같은 서비스를 원하고 있는데 기인하며 소비자단체에 불만을 의뢰하면 그 단체가 불만을 다 해결해주어야 한다는 고정관념이 있다는 것이다. 호텔이나 항공기의 기내 서비스의 경우 일반적으로 서비스에 대한 높은 기대감이 있는데, 권리의식이 지나쳐 성희롱적 발언 등을 하는 고객도 있다. 왜곡된 권리의식에 기인한 막연한 정의감에 빠진 소비자는 인터넷 커뮤니티에서 입지 강화를 위한 이슈화, 피해 입증자료 없는 일방적 주장 등을 일삼는다. 이들은 또한 작은 문제를 확대해석하거나 관련 법 규정에 무지하고 이해가 부족하다.

Case 3 블랙 컨슈머 왜 생겨날까?

구 분	항목	기업	소비자 / 관련 기관 및 단체
소비자	❶ 높은 기대 수준	개인 비서와 같은 서비스를 기대	소비자 단체에 의뢰하면 해결해주어야 한다는 고정관념
	❷ 왜곡된 소비자권리 의식	동호회 등에서 이슈화를 통해 본인의 입지를 강화	피해 입증자료 없이 소비자 주장만 내세움, 과오는 생각지 않고 소비자 권리만 요구, 피해자라는 잘못된 인식, 자존심 손상에 보상심리
	❸ 무지	작은 문제를 확대해석해 안전과 결부지어 생각	법 규정 전문지식 부족, 해당 내용에 인지 부족, 계약내용 미숙지, 상품과 서비스에 대한 이해부족
	❹ 개인 성향	막연한 정의감	개인적 특성과 경제적 어려움, 자기 중심적 문제 해결에 집착하는 성향
기업	❶ 과장 광고, 부정확한 정보	판매원의 불충분한 설명	기업의 신뢰가 보이지 않는 행동, 과대광고 허위 판매에 대한 불만, 판매원의 잘못된 설명
	❷ 제품이나 서비스의 부실	직원의 불친절, 부적절한 응대, 제품 결함, 안전성 부족	사업자 부당행위, A/S안될 때, 판매원의 잘못된 설명 및 품질 하자
	❸ 소비자의 문제행동에 미숙한 대응	적극적인 대처 미흡, 소극적 태도	민원제기시 사업자의 무관심, 자사의 결함을 숨기기 위한 소비자 입막음 차원의 과잉보상, 나 몰라라식 대응
정부	❶ 정책, 법 규정 미비	불분명한 정부의 조사결과 남발	과도한 보상에 대한 현행 기준 적용 불가, 미흡한 보상규정
	❷ 상담기관의 문제	금감원, 소비자원 등에서 소비자 위주 중재로 인해 무리한 수용 요청 증가	정부기관에 민원을 제기하면 사업자가 수용할 거라 믿고 과도한 요구
사회적 요인	❶ 매스미디어 영향	규명되지 않은 내용 보도, TV소비자불만 프로그램 활성화	TV 본 후 터무니없는 주장, 소비자 문제를 다루는 TV프로그램 후 자신의 문제도 해결될 것으로 오인
	❷ 인터넷 활성화	개인 영리 목적으로 인터넷 언론을 언급하며 기업 압박	인터넷 등을 통해 사용자정보가 많이 제공, 사용상 문제점이나 이물질 등 관련 사건을 인터넷에 게재
	❸ 경제상황 악화	경제상황 악화	가계경제의 어려움으로 사회에 대한 욕구 불만, 신용불량 증가, 소비성향 부진, 보증기간 경과 제품의 유상수리 불만
	❹ 사회에 대한 불신감 팽배	새우깡사건, 멜라민 파동 이후 식품 불신 풍조, 과민반응 확산	정부나 정치의 불신을 자신의 피해와 연결, 목소리가 크다고 무조건 보상된다고 생각
	❺ 소비자 권리 신장	기업이 너그러워야 한다는 사회 인식	소비자권익 중시 사회 분위기, 소비자 개인주의와 이기심이 심화되는 사회현상
	❻ 기타	소비자 단체의 선동적 행동	법적인 대처 지상만능주의, 제품의 사후 처리에 대한 정보부족

◆ 소비자의 문제행동 원인 (출처: 소비자문제연구 제36호 발췌, 2009년 10월)

기업측면에서 문제점으로는 판매원의 불충분한 설명으로 인한 과장광고와 부정확한 정보, 직원의 불친절과 같은 서비스 부실 등을 들 수 있다. 또한 직원 교육 미흡으로 인해 소비자의 문제행동에 대해 잘못 대처하는 미숙함도 보이고 있다.

사회적 측면에서 문제점으로는 명확하게 규명되지 않은 상태에서 언론보도가 이루어지거나 인터넷 언론을 이용하여 기업을 압박하는 사례, 멜라민 파동과 같은 사회적 불신이 팽배해지는 경우 등이 있다. 일부 소비자단체의 선동적 행동도 문제라고 한국소비자원은 지적한다.

03
범죄심리학적 측면

　　블랙 컨슈머처럼 사건 조작이라는 범죄행위에 들어가는 비용보다 성공했을 경우 받는 경제적 이익이 큰 경우 범죄 충동을 느끼기 쉽다고 범죄 심리학자들은 말한다. 음식에서 이물질이 나왔다고 용기를 내어 말한 뒤에 오는 큰 경제적 이익은 점점 범죄행위에 대한 인식을 무디게 만든다. '처음에는 필요해서 훔쳤지만 나중에는 재미로 훔쳤'는 어느 범죄자의 말처럼 블랙 컨슈머의 행동은 한 번으로 끝나지 않고 계속될 확률이 높다.

　심리학의 성격이론에서는 범죄 원인을 개인의 성격에서 찾는다. 개인의 성격에 따라 다양한 요구와 문제에 대응하는 방식이 달라지는데 환경에 대해 반응하는 특성이 성격을 나타낸다. 소비자 관련 상담자들도 소비자의 문제행동이 개인의 성향에 크게 영향을 받는 것으로 말하고 있다.

　이상성격을 가진 사람들은 사회화되지 못하는 사람, 옳고 그른 것을 구분하지 못하는 사람, 타인에 대한 동정심이 없는 사람, 자신의 잘못에 대해 후회감이나 죄의식을 느끼지 못하는 사람 등이다. 즉 자기중심적인 사람들이다. 자신의 권리만 주장할 뿐 타인에 대한 배려가 상당히 부족하다.

그렇다면 빵에 지렁이가 들어가도록 방치하고는 빵에서 지렁이가 나왔다고 속이는 블랙 컨슈머의 심리는 어떤 걸까? 지렁이를 자신이 직접 넣은 것은 아니므로 최소한 자신이 거짓말을 하고 있지는 않다고 믿을 것이다. 문제가 되어도 나중에 잘못 알았다고 말하면 '설마 죽이기야 하겠어?'하는 '배째라'식 생각에 범죄를 대수롭지 않게 여기게 된다.

범죄심리 이론 중 학습이론에서는 범죄를 준법적인 의식이나 행동들과 마찬가지로 사회생활상 학습된 행위라고 보고 있다. 블랙 컨슈머들도 우연한 기회에 학습하게 된 범죄행위일 수 있다.

2011년 5월, 전국의 식품회사를 상대로 130여 차례 허위신고를 하여 1,600만 원을 받아 챙긴 블랙 컨슈머가 구속되었다. 경찰에 따르면 김 모 씨(31)는 성남시의 어느 식품회사를 비롯하여 전국의 108곳을 상대로 협박을 일삼아 보상금을 갈취한 혐의가 있었다. 김 씨는 빵과 과자, 햄버거, 훈제오리, 아이스크림 등을 먹은 후 식품에서 돌과 플라스틱, 이쑤시개, 쇳조각 등이 나와 입안이 찢어졌다며 식품회사에 신고하였다. 그러고는 치료비를 주지 않으면 식품의약품안전청과 소비자보호원 등에 고발하고 언론에 알리겠다고 말했다. 협박을 당한 식품회사는 이런 일이 외부에 알려지면 기업 이미지가 훼손될 것을 염려하여 제품의 하자도 확인하지 않은 채 김 씨가 원하는 대로 돈을 송금했다. 식품업계의 한 관계자는 '사실여부를 조사하는 기간 동안 좋지 않은 소문이 먼저 퍼지면 업체가 버티지 못하고 먼저 문을 닫을 수도 있다'며 블랙 컨슈머의 협박을 들어줄 수밖에 없는 이유를 설명했다.

　김 씨도 처음부터 블랙 컨슈머가 되려 한 것은 아니었다고 한다. 블랙 컨슈머가 된 계기가 있었다. 구입한 식품에서 정말로 이물질이 나와 입을 다쳤는데 제조업체에 항의했더니 덥석 보상금을 주었다는 것이다. 의외로 쉽게 돈을 받고 나자 그 뒤로 다른 식품회사에도 협박 전화를 하게 되었다는 것이다.

Case 4

블랙 컨슈머의 감춰진 위험
-감정노동 스트레스

# 01 감정노동 스트레스

돌잔치나 결혼식 같은 즐거운 자리에 초대받은 경우, 힘들어도 다른 사람에게 공손히 예의를 갖추고 즐거운 표정을 지어야 한다. 장례식장에 조문을 간 경우는 자신의 솔직한 감정과 상관없이 슬퍼하며 애도를 표해야 한다. 모두들 그렇게 하기를 바라기 때문이다. 유명 연예인의 죽음에 문상을 갔던 어느 아티스트가 다른 문상객들과 달리 밝고 화려한 색상의 옷을 입었다는 이유로 비난을 받은 적이 있다. 그는 단지 한시라도 빨리 조문을 하고 싶었기 때문에 다른 행사를 마친 후 입고 있던 옷 그대로 장례식장에 갔을 뿐 다른 이유는 없었다고 말했다.

은행이나 백화점은 물론 동네 주민센터(동사무소)에서도 친절 경쟁이 한창이다. 고객만족경영을 중시하는 기업일수록 싹싹한 미소와 친절한 태도로 고객들을 맞이하도록 직원들을 교육시킨다. 흔히 '미스테리 쇼퍼'라 불리는 사람들이 고객을 가장해 직원들의 서비스 태도와 친절도를 평가하며, 콜센터 직원들도 상담내용이 일일이 기록되는 시스템의 감시를 받고 있다. 매장의 고객 담당 직원들은 평범한 고객이든 화내는 고객이든 무조건 친절한 목소리로 응대할 수밖에 없다. 터무니없는 불만을 제기하는 고객이 자신을 평가하는 미스테리 쇼퍼일 수도 있기 때문이다.

고객 담당자들의 희생을 감수하고 만들어진 친절은 오래가기 어렵다. 담당자들의 인내심도 한계가 있기 때문에 업무에서 오는 스트레스가 쌓이다 보면 더 이상 견딜 수 없는 임계점에 이르게 된다. 이처럼 자신의 감정을 다스리고 억누른 상태를 지속적으로 유지해야 하는 노동을 '감정노동(emotional labor)'이라고 한다. 본인의 감정과 다른 사람들이 요구하는 감정이 일치하지 않을 때 불편함을 느끼고 스트레스가 발생할 수 있다. 직장에서도 업무 중에 감정의 불일치를 느끼는 것은 우리가 흔히 겪는 일이다.

반말 하는 고객, 까다롭게 따지는 고객, 진열된 제품을 휘저어놓는 고객 등을 만나도 늘 웃는 얼굴로 응대하며 "반갑습니다, 고객님!" "무엇을 도와드릴까요, 고객님!"을 외쳐야 하는 고객 담당자들이 대표적인 감정노동자이다. 실제 자기 감정과 고객에게 표현해야 하는 감정이 다르다 보니 감정의 불일치를 겪게 된다. 더구나 자신의 감정을 드러내는 일은 업무상 금물이기 때문에, 감정을 억누르고 참는 고통이 발생한다. '임금님 귀는 당나귀 귀'라는 말을 못해 중병에 걸린 두건장이의 동화

Case 4 블랙 컨슈머의 감춰진 위험 – 감정노동 스트레스

처럼 억눌린 감정은 몸과 마음의 상처로 남게 된다. 지나치게 친절한 서비스는 회사의 직원들을 병들게 하는 일이 될 수 있다.

블랙 컨슈머의 문제적 행동은 기업에서 근무하는 고객 서비스 담당자들의 감정노동 스트레스를 유발한다. 고객과 대면하는 고객 담당자에게는 육체노동, 정신노동 이외에 감정노동까지 더해진다.

서비스 분야에서 감정노동의 심각성은 계속해서 부각되고 있다. 감정노동은 고객 담당자의 서비스 질이나 성과에 큰 영향을 미치므로 주로 항공, 호텔, 병원, 은행 등과 같은 서비스 분야에서 감정노동이 서비스 종사자들에게 미치는 영향에 대한 연구가 진행 중이다. 그러나 서비스 위주의 기업뿐만 아니라 기업의 규모에 상관없이 고객을 직접 상대하거나 전화로 응대하는 직무를 하는 고객 담당자라면 누구나 감정노동을 한다고 볼 수 있다. 온라인 쇼핑몰에서도 이른바 '진상' 고객들로 인한 담당자의 스트레스가 심하게 나타나고 있어서 감정노동 문제가 특정 서비스 산업에만 국한되는 것이 아니라 산업 전반에 폭넓게 나타난다고 볼 수 있다.

02 감정 노동이란?
(Emotional Labor)

　　미국 캘리포니아 주립대(UC Berkeley)의 사회학과 교수인 앨리 러셀 혹실드(Alie Russell Hochschild)는 감정노동에 대해 '사람들이 개인의 기분을 다스려 얼굴 표정이나 신체 표현을 통해 외부에 드러내 보이는 것을 의미한다'고 설명한다. 항공 승무원의 경우 승객들에게 안전하고 즐거운 곳에서 충분한 배려를 받고 있다는 느낌을 주기 위해 미소를 띠고 근무를 해야 한다. 이러한 서비스 제공을 위해 승무원은 자신의 정신과 기분을 잘 조절해야 하며 경우에 따라 승무원 각자의 개성을 구성하는 본질적인 부분도 완전히 억제해야 하는 상황도 발생한다. 서비스를 제공할 때의 감정상태도 서비스의 한 부분인 것이다.

　승무원들은 자신의 미소가 '마음에서 우러나는 것이 아니라 자신에게 요구되는 것'이라고 말하고 있다. 승무원에게는 미소도 업무의 한 부분인 것이다. 즉 승무원 개인의 피로감이나 짜증을 감추는 것도 업무의 일부이다. 서비스를 제공하는 동안 피로감이나 짜증이 드러나면 고객의 만족도가 떨어지기 때문이다. 개인적인 감정 상태가 좋지 않은데도 무리한 요구를 하는 고객을 응대할 때면 심한 내적 스트레스가 발생한다. 자신의 감정표현을 관리할 필요가 있으므로 분노와 짜증과 같은 부정적인 감정표현을 억제하게 된다. 이런 감정을 떨쳐버리려는 노력이 곧 감정노동이다. 서비스 제공을 위한 감정과 승무원 개인의 감정이 다를 경우 감정노동으로 인한 스트레스가 심하게 발생할 수 있다. '집에 가면 안 볼 사람이다'라며 감정을 다스리지만 지속적인 스트레스는 피할 수 없다.

서비스는 무형이므로 고객이 느끼는 서비스의 질은 서비스를 제공하는 사람의 성향과 특징에 의해 좌우된다. 고객 담당자의 역할이 기업의 성과로 바로 연결될 정도로 밀접한 관계가 있다.

서비스 직종에서 감정의 표현 및 통제가 중요한 이유

❶ 효과적인 감정관리와 감정표현은 고객의 구매의사 결정에 큰 영향을 미친다.

❷ 잘못된 감정표현은 사후 수습이 불가능하다.

❸ 서비스 직무는 고객과의 대면접촉, 음성접촉 등 대인접촉이 많다.

말하자면 감정노동은 고객 만족 서비스에 반드시 수반되는 필수 요소인 셈이다. '감정관리'가 개인적인 영역에 머물지 않고 기업 조직의 규범에 따라 통제되는 영역으로 확대된 이유이다.

감정표현 관리

감정표현의 관리에는 일정한 표현 규칙이 있다. 느낌규범(feeling rules)과 표현규범(display rules)이 그것이다. 느낌규범은 감정변화를 통제해야 한다는 의무감을 전제한 상황에서 감정의 범위, 강도, 유지 등에 관해 규정한 것이며, 표현규범은 특정 상황에 대한 적절한 감정표현에 관한 규칙이다. 예를 들어 놀이공원에 근무하는 담당자라면 고객에게 즐거움을 주기 위해 친절함, 상냥함과 같은 긍정적 감정을 표현해야 하고, 채권추심업무를 하는 사람은 위협, 분노, 흥분 등 부정적 감정을 표현해야 한다. 또 의사의 경우 환자가 의사의 권위에 수긍하도록 감정표현을 중립적으로 유지할 필요가 있다.

감정표현 방식

앨리 러셀 혹실드는 감정노동이 '표면행위(surface acting)'

또는 '진심행위(deep acting)'를 통해 수행된다고 보았다. 고객 담당자는 두 가지 중 한 가지 방식으로 감정표현을 하게 된다. 표면행위는 고객 담당자가 실제로 느끼는 감정을 숨긴 채 우호적인 감정을 인위적으로 표현하는 행위이다. 이는 얼굴 표정, 목소리, 어조, 자세, 제스처 등 언어적, 비언어적 방식을 통해 자신의 감정을 조작하는 행위로써 실제 감정과 표현 행위가 다르다는 점에서 남을 속이는 행위의 일종으로 볼 수 있다. 다시 말해 직접적으로 감정을 억제하는 행위이다.

진심행위는 표현하고자 하는 감정을 실제로 느끼거나 경험하려고 노력하는 행위이다. 배우가 자신의 맡은 배역에 감정을 이입하여 몰입하는 과정과 유사하다. '마치 그런 것 같은 느낌'을 살리는 이미지 훈련을 통해 감정을 유발하는 행위이다. CS교육에 한번이라도 참가해본 사람이라면 귀가 닳도록 듣게 되는 '진정성'의 문제가 바로 고객을 향해 진심행위를 하라는 뜻이다.

표면행위와 진심행위 모두 의식적으로 감정을 통제하는 기능을 한다는 점에서 결과적으로 감정의 부조화를 가져올 수 있다. 감정의 부조화는 고객 담당자들에게 우울감, 냉소감, 소외감을 느끼게 한다. 심한 경우 알코올 중독이나 결근과 같은 부정적인 행동을 유발한다는 연구도 있다.

감정노동의 결과가 항상 부정적인 것만은 아니다. 고객 담당자가 표현하려는 감정과 고객의 반응이 원만히 부합되어 우호적인 관계가 형성되면 감정의 부조화는 줄어들고 직무성과가 늘어나는 긍정적인 결과로 이어진다.

소진(burnout) - 피로와 의욕상실 증상

감정노동의 스트레스를 지속적, 반복적으로 받은 결과 피로감, 의욕상실, 탈진증상을 보이게 되는데 이런 증상을 '소진(burnout)'이라고 한다. 직무소진은 '감정이 요구되는 상황에서 대인관계 업무를 수행하는 직원들에게 나타나는 신체적, 정서적 고갈상태'라고 할 수 있다. 인적자원의 에너지가 소진되는 현상인 셈이다. 주요 증상은 만성적 스트레스에 대한 반응으로 체력 저하, 무력감, 두통, 절망감, 정서적 고갈, 직장 내 동료들에 대한 무관심, 일과 삶에 대한 부정적 태도 등이다.

구분	증상
정서적 반응	우울, 공포, 무력감, 좌절, 분노, 고립감, 경직성, 불안, 슬픔 등
신체적 반응	목이나 어깨가 굳음, 통증, 복부 통증 등
행동적 반응	주의력 저하, 부정적 태도, 과도한 행동, 짜증, 폭발적 울음, 비난, 억울해 이를 갈기, 끝없는 수다 등

직무만족과 조직몰입을 방해한다

'직무만족'은 직원이 담당 직무에 대해 만족하는 정도를 의미한다. 이는 직무 자체는 물론 직무환경에서 오는 정서적 만족, 직무수행에 따른 인간관계, 감정, 임금, 근로조건 등 여러 요인을 포함한 정서적 반응이다. 직무불만족을 경험하면 조직전념도가 떨어지고 신체적, 정신적 문제까지 일으킬 수 있다. 또한 다른 직원들에게도 악영향을 미쳐 조직의 효율성을 저하시키게 된다.

직무만족도는 조직의 원활한 운영정도를 평가하는 기준이 된다. 높은 직무만족도는 직원과 기업의 발전을 가져온다. 조직몰입은 회사 조직의 목표 및 가치에 대한 인정과 신뢰를 바탕으로 조직의 목표 달성을 위해 자발적으로 노력하려는 태도이며 그 조직 구성원으로서 자격을 유지하고 싶은 강력한 욕구를 말한다. 조직몰입도가 높을수록 이직률이 낮고 만족도가 높아지는 경향이 있다.

고객 담당자들이 감정 부조화를 높게 인식할수록 직무만족 수준이 저하되고 조직몰입도 역시 떨어진다. 고객 담당자들에게 스스로 감정을 조절하고 관리할 수 있도록 하는 교육이 필수적이다. 교육과 훈련을 통해 직무만족도와 조직몰입도를 높임으로써 성취욕구를 강화해야 효율적인 직무수행이 가능하다.

03 보이지 않는 위험

　　블랙 컨슈머의 문제 행동은 고객 담당자의 감정 노동 스트레스를 크게 유발할 수 있다. 감정 노동으로 인한 스트레스를 제때에 적절하게 풀어주지 않으면 기업의 주요 자원인 인적자원에 피해가 발생하고 결국 기업의 경쟁력을 약화시키는 요인으로 작용한다. 고객 담당자들의 감정노동 스트레스는 직무만족도를 떨어뜨려 직무수행 능력 저하로 이어지며 기업의 발전에 악영향을 끼치게 된다. 블랙 컨슈머가 끼치는 손실은 몰래 지급한 합의금을 제품가격에 반영시켜 기업의 손실을 만회하는 것에 그치지 않는다. 감정 손상을 입은 인적자원의 증가는 기업의 경쟁력 약화를 뜻한다. 장기적으로 기업의 성과는 하락하고 만다.

　블랙 컨슈머를 단순히 돌출행동을 하는 악덕 소비자로만 여기거나 못된 성격을 가진 짜증나는 문제 고객으로 인식하면 감정노동의 문제처럼 숨겨진 문제점을 파악할 수 없다. 외부고객만 고객이 아니다. 내부고객도 중요하다. 회사 직원은 내부고객이다. 내부고객의 어려움을 인식하지 못하는 경영자는 블랙 컨슈머의 문제 중 중요한 부분을 간과하고 있는 것이다. 직원들이 가장 힘들어 하는 부분을 찾아내 해결해주어야 고객만족을 이끌어내는 서비스를 지속적으로 제공할 수 있다.

   블랙 컨슈머의 보다 큰 문제는 '보이지 않는 위험'에 있다. 기업의 경영진이 이런 위험을 인식하지 않으면 작은 구멍이 제방을 무너뜨리는 일이 발생할 수 있다. 블랙 컨슈머에게 보상금 한 번 주고 덮어버리는 방법은 그 블랙 컨슈머에 대한 일시적 문제해결은 될지 몰라도 담당 직원의 문제, 즉 감정노동으로 인한 스트레스와 이의 연쇄 작용으로 인한 기업의 효율 저하라는 근본적 문제를 해결하지는 못한다.

Case 5

블랙 컨슈머로 오해받지 않는 방법

한국소비자원에 제기되는 민원 중에는 일반 소비자가 블랙 컨슈머로 오인받았던 경험에 대한 민원이 증가하고 있다. 소비자 입장에서 기업의 직원들로부터 부당하게 블랙 컨슈머로 취급받는 것은 억울한 일이다. 이는 블랙 컨슈머로 인해 일반 소비자가 입을 수 있는 피해 중 매우 직접적인 사례라 하겠다.

건전한 상식이 필요하다

미국에서 어느 할머니가 고양이를 목욕시킨 후 젖은 털을 빨리 말리려고 전자레인지 안에 고양이를 넣고 돌렸다가 고양이가 죽게 되자, 전자레인지 회사를 상대로 주의 사항을 제대로 기재하지 않아 고양이가 죽게 되었다며 소송을 제기했다는 이야기가 있다. 전자레인지 사용설명서에 고양이를 넣지 말라는 주의사항이 있었다면 이런 일이 발생하지 않았을 것이라는 게 할머니의 주장이었다.

• • •

미국에는 워낙 소송이 많다 보니 이러한 이야기까지 떠도는 것으로 보인다. 그런데 '고양이를 넣지 말라'는 주의사항이 없어서 이런 일이 생긴 것일까? 할머니의 주장대로 고양이를 넣지 말라고 기재하지 않아 생긴 일이라면 강아지는 넣어도 괜찮다는 말인가? 우리나라에서도 간혹 드럼세탁기에 동물을 넣고 돌렸다는 이야기가 들린다. 지저분한 강아지를 깨끗하게 빨아(?)주고 싶어서 그런 모양인데, 그랬다가 강아지가 죽을 수도 있다는 생각은 미처 하지 못한 것이다. 이러한 상황까지 일일이 설명서에 표시해야 한다면 세탁기 사용설명서는 두꺼운 책 한 권쯤 될 것이다.

전자제품에 관한 클레임은 대개 고객이 몸을 다치는 상해사건이다. 즉 고객의 사용상 부주의로 인한 사고들이다. 제품을 판매할 때 이런 불상사를 막기 위한 모든 주의사항을 기재하고 설명해야 할까? 그렇다면 전기압력밥솥 한 대 팔면서 '기본 소비자 교육 4시간을 이수하신 분에 한해 밥솥을 판매하니 양해바란다'는 안내문을 매장 입구에 내걸어야 할지도 모르겠다.

압력솥 안에 음식물 이외에 ○○을 넣고 작동시키면 안 되고, 방수가 안 되므로 제품 전체를 물속에 넣고 씻어서는 안 된다 등을 일일이 설명해야 할 테니 말이다.

하지만 이러한 '경우의 수'들은 모두 사회의 건전한 상식에 반하는 일이다. 주의사항 표시에 금지 규정이 나와 있지 않아서 고양이를 전자레인지에 돌렸다는 할머니의 주장은 건전한 상식과 선량한 소비자의 인식을 기준으로 전자레인지의 사용 목적을 판단해보면 터무니없는 주장임을 알 수 있다.

Case 5 블랙 컨슈머로 오해받지 않는 방법

소비윤리를 지키는 상거래

　소비자가 제품을 구입하는 행위는 제조업체 또는 판매업체와의 계약이라는 상거래행위이다. 어느 한 쪽이라도 계약을 지키지 않게 되면 상거래 질서는 무너지고 그로 인해 발생하는 비용은 계약 당사자인 소비자와 기업 모두에게 피해로 돌아간다. 과거에는 소비자와 기업 간 상거래행위에서 주로 기업의 부당한 계약이나 허위, 과장 광고가 문제였다면, 최근에는 블랙 컨슈머의 등장으로 소비자의 비윤리적 행동이 문제로 부각되고 있다. 상거래에서 소비윤리를 지키지 않으면 기업의 비용이 증가하고 이것은 결국 소비자의 부담으로 돌아오게 된다.

제품 구매와 사용상 주의 의무

　모든 제품에는 제품의 성능과 효율을 극대화하는 권장 사용법이 있다. 이를 어기고 부주의하게 사용하면 사고나 제품 고장으로 이어질 수 있다. 예를 들어 믹서기의 경우 회전 시 뚜껑이 흔들리지 않도록 고정을 해야 하는데 제대로 고정시키지 않은 상태에서 작동하게 되면 내용물이 넘치거나 때로는 상해 사고가 발생한다. 제품을 아무리 안전하게 만들어도 권장 사용법대로 사용하지 않고 부주의하면 문제가 발생할 수 있다. 소비자가 권장 사용법을 따르지 않아 발생한 사고나 고장이라면 억지로 보상을 요구하기도 힘든 일이다.

소비자 분쟁해결기준에 따른 보상

제품에 하자가 있을 경우 소비자는 기업에 대해 환불이나 교환을 요구할 수 있다. 이것은 〈소비자분쟁해결기준〉으로 정해져 있는 일이다. 소비자가 기업에 비해 불리할 수 있어서 합리적인 기준을 마련한 것이다. 이 기준을 따르지 않고 억지를 부리기 시작하는 순간 블랙 컨슈머로 취급받게 된다. 철없는 아이처럼 내 맘대로 행동하는 어른들은 '고객'이라는 이름 뒤로 숨어 기업의 고객담당자들에게 모욕적인 말을 하기도 하는데, 이는 대단히 잘못된 행동이다.

블랙 컨슈머로 취급당하지 않으려면

- 증거 확보가 중요하다.
- 직원에게 욕설을 하거나 고함을 치지 않는다.
- 직원의 실수에 분노하지 않는다.

Case 5 블랙 컨슈머로 오해받지 않는 방법

- 회사에 고액의 보상금을 안 주면 인터넷에 유포하겠다고 협박하지 않는다.
- 한국소비자원처럼 공신력 있는 소비자 보호기관에 민원을 제기한다.

당신도 블랙 컨슈머인가?

자신의 행동성향을 분석해보면 블랙 컨슈머가 될 소지를 파악해볼 수 있다.

- 환불기간이 지났는데도 환불해달라고 떼를 쓴 적이 있다.
- 제품에 대한 불만사항을 인터넷에 쓸 때 자신이 아닌 척 꾸며 쓴 적이 있다.
- 작은 하자에도 곧바로 항의하며 매장에 찾아가는 데 드는 시간, 차비 등을 따진다.
- 나는 정당한 요구를 한다고 생각하는데 주변 사람들이 적당히 좀 하라고 충고한다.

블랙 컨슈머가 인터넷에 쓴 글에 속지 말자

블랙 컨슈머가 선의의 일반 소비자에게 원하는 것은 블랙 컨슈머가 올린 인터넷 게시글에 동조하여 악성 댓글을 달아주는 행동이다. 교활하게도 자신이 의도한대로 네티즌들이 속아서 끌려오는 것을 바라고 있는 것이다. 인터넷에서 소셜 네트워크 서비스가 실시간으로 세상 소식을 전하고 퍼지는 시대이지만, 믿기지 않는 글을 보았을 때에는 성급한 판단을 유보하고 다각도로 생각해보는 자세가 필요하다. 그렇지 않으면 블랙 컨슈머에게 속아 동조하는 어리석은 소비자가 될 수 있기 때문이다.

정당한 요구를 하는 소비자

TV 고발 프로그램을 보면 원산지의 허위표시, 수리비용의 과다 청구, 고치지도 않은 부품비용 청구 등 이루 말할 수 없을 정도로 거짓말을 일삼는 업체들이 있다. 소비자도 잘 알아야 속지 않고 권리를 더 찾을 수 있다. 소비자를 상대로 사기 치는 업체는 퇴출시켜야 한다.

역으로 소비자가 악덕업체처럼 행동하거나 지나친 권리행사를 하는 것도 바람직하지 않다. 도가 지나치면 '블랙 컨슈머'가 되어 처벌받을 수도 있기 때문이다. 무리한 방법으로 사용하다 피해가 발생하였는데도 소비자 자신의 잘못을 기업에 떠넘기는 행동은 바람직하지 않다.

존경받는 고객이 되기 위한 매너 5가지

고객이라면 누구나 좋은 시비스를 받기 원한다. 직원들로부터 친절한 서비스는 물론 존경을 받을 수도 있는 방법이 있다. 어디서나 매너 좋은 '고객님'으로 인정받는 것은 기분 좋은 일이다.

- 매장 직원은 고객의 개인비서가 아니다

매장 직원이 친절한 이유는 최대한 서비스를 하기 위해서이지 고객의 개인비서처럼 부리라고 친절한 것이 아니다.

- 요구하라 그리고 판단하라

고객의 입장에서 필요한 것은 요구할 수 있다. 다만 직원의 설명을 듣고 어느 정도까지가 정당한 요구인지를 판단하는 것도 필요하다. 합리적으로 판단했을 때 적절한 선에서 요구를 하는 것이 좋다.

● 분노할 필요가 없다

　매장 직원이나 서비스센터 담당자는 고객을 도와주려는 사람들이지 골탕을 먹이려는 사람이 아니다. 그리고 회사의 직원들도 고객과 똑같은 사람이다. 고객의 말을 잘 들어주고 고분고분한 태도로 나온다고 해서 함부로 대하거나 화를 내서는 안 된다. 그들도 '사람'이다.

효과적으로 따지는 방법

1. 무엇이 불만사항인지 분명하게 이야기하라
2. 소리지르지 말고 최소한 인간적인 예의를 지켜라
3. 당신이 받은 피해와 요구조건을 정확히 설명하라
4. 회사가 스스로 잘못을 고칠 수 있도록 기회를 주고 기다려라
5. 직원에게 고맙다고 얘기하며 마무리하라

● 직원에게 반말 하는 고객

　나이 차이가 있다고 해서 처음 보는 직원에게 반말을 하는 고객들이 가끔 있다. 직원들은 이러한 일에도 스트레스를 받

는다. 처음 본 사람에게 대뜸 반말을 하는 것은 '내 수준은 요 정도밖에 안 된다'라고 알리는 것이다. 인간대접받기 어렵다.

- 악덕업체는 한국소비자원에 신고하라

소비자를 무시하고 해로운 제품을 내놓는 악덕업체는 한국소비자원에 신고해야 다른 피해가 발생하지 않는다. 귀찮다고 넘어가면 다른 무고한 사람이 피해를 볼 수 있다.

고객은 더 이상 왕이 아니다

소비자도 책임을 다해야 한다. 소비자의 권리를 정당하게 행사해야 한다. 소비자시대이므로 소비자가 피해를 입지 않도록 보호하고 예방하여 소비자 권리를 보장하는 것이 중요하다. 하지만 모든 권리에는 책임이 뒤따른다. 소비자가 합리적이고 책임 있는 행동을 할 때 그의 권리가 인정되는 것이다. 자신의 이익만을 위해 기업의 손해를 나몰라라 하고 무책임한 행동을 일삼는 소비자는 존중받을 자격이 없으며, 나아가 기업과 사회에 해악을 주는 존재가 된다.

한때 '고객은 왕'이라는 말이 유행한 적이 있었다. 고객이 감동하여 졸도할 때까지 고객만족을 실현하겠다는 의지의 표현이다. '고객은 왕'이라는 표현을 슬로건으로 삼은 업체는 고객을 왕 모시듯 최선을 다하겠다는 뜻이다. 그런데 고객 중에는 자신을 진짜 왕으로 착각하는 사람들이 있다. 소비자의 권리를 행사하는 고객만이 왕처럼 대접받을 수 있을 것이다.

Case 6

SNS로
　　진화하는
　　블랙컨슈머

블랙 컨슈머도 트위터 한다

인터넷, 소셜 미디어 등은 시대의 흐름이며 트렌드이다. 소셜 네트워크 서비스(SNS, Social Network Service)는 한때의 패션 유행처럼 단기간에 끝나는 이벤트가 아니라 비교적 장기적인 관심 속에 새로운 문화와 트렌드를 만들어가고 있다. 이제 기업에게 트위터나 페이스북 같은 SNS는 홈페이지나 블로그 등 기존의 인터넷 홍보 창구와 아울러 반드시 지속적으로 모니터링하며 활용해야 하는 주요 소통 매체가 되었다.

SNS의 등장

2000년대 초만 하더라도 현재에 비해 인터넷 사용인구가 많지 않았다. 그러나 지금은 인터넷 없는 세상을 상상할 수 없을 만큼 인터넷이 생활 속으로 밀접하게 들어왔다. 정보의 전달이나 검색은 물론 쇼핑도 인터넷으로 해결된다. 과거에는 인터넷을 '가상공간'이라고 불렀지만 현재는 가상공간이라기보다 증강현실 서비스처럼 현실세계의 연장 또는 보완으로 느껴지고 있다.

인터넷 서비스는 점점 진화하여 최근에는 사용자들의 인적 네트워크를 연결해주는 소셜 네트워크 서비스가 등장했다. 많

Case 6 SNS로 진화하는 블랙 컨슈머

은 사람들이 사용하는 트위터, 페이스북 등이 그것이다. 우리 나라의 싸이월드 미니홈피 서비스를 소셜 네트워크의 시초로 보기도 한다. '페이스북으로 연락해'라는 말은 SNS를 사용하는 사람이라면 항상 하는 말이다. '전화해' 또는 '문자 보내'라는 말과 같은 의미로 쓰인다. 소셜 네트워크의 붐은 생활방식까지 바꾸고 있는 것이다.

◆ 대상(주)의 웹사이트. 트위터, 페이스북, 블로그 등 SNS를 적절히 활용하는 것이 돋보인다.

기업들, SNS를 무료 마케팅 수단으로 여겨

마케팅에 민감한 기업은 SNS의 출현을 새로운 트렌드로 보고 즉각 마케팅에 활용할 수 있는 방법은 없는지를 연구하기 시작했다. SNS의 특성이 분석되기도 전에 SNS가 단지 '입소문 마케팅'의 수단으로 전락해버린 느낌이다. 어느 광고업계 관계자는 "기업에서는 SNS를 공짜 홍보 수단 정도로 보는 경향이 강하다"고 말한다. 그러나 "어떤 내용이 오가는지 전혀 모니터링이 되지 않고 부정적이든 긍정적이든 좋은 이야기들이 어떻게 확산되고 있는지 이해하지 못하고 있어 문제"라고 덧붙였다.

역설적이게도 입소문에 민감할수록 기업은 부정적 소문이 유포될까 봐 위축된다. 늘 좋은 모습만 보여야 하므로 사소한 클레임도 인터넷에 유포되지 않을까 전전긍긍하는 모습들이다. 아쉬운 점은 기업들이 SNS를 고객들과의 '소통'보다는 '무료 마케팅' 쪽으로 활용한다는 점이다. 즉 SNS를 소통 채널보다는 말초적인 홍보 수단으로 이해하고 활용을 한다는 뜻이다. 소비자의 특성을 연구하듯 SNS 사용자들의 특성을 연구하면 보다 좋은 제품개발과 보다 효과적인 마케팅이 가능할 것이다.

고객만족 담당자가 SNS를 모른다면?

고객에 관해 늘 연구해야 할 책무가 고객 서비스 담당자들에게 있다. 따라서 고객이 사용하는 SNS를 파악하지 못하고 있다면 문제가 있다. 평소 새로운 매체나 SNS를 이용해보며 특성을 연구하지 않는다면 막상 필요할 때에 이를 활용할 수 없다. 블랙 컨슈머의 등장과 같은 위기가 닥쳤을 때 제대로 대처하지 못할 수 있다. SNS의 종류에 따른 이용자의 연령별, 계층별 특성을 파악하고 위기 상황이 발생할 경우 적절한 대응방안도 준비해두어야 한다.

불만 글에 대해서는 빠르게 대응해야 한다. 칭찬이나 미담과 같은 좋은 글보다 불만과 같은 부정적인 글이 더 빨리 확산되기 때문이다. 인터넷 게시판에 올라온 불만 사항을 며칠 째 방치하고 있다면 차라리 웹사이트를 운영하지 않는 것이 더 낫다. 일방적인 불만을 토로한 글에 노출된 다른 고객들도 해당 기업에 대해 부정적인 감정을 가질 수 있기 때문이다.

고객 서비스 담당자들은 적절한 답변을 통해 기업이 항상 고객들에게 관심을 보이고 있으며, 인터넷 너머 어딘가에서 열심히 일하고 있다는 메시지를 지속적으로 보내고 있어야 한다.

맥도널드의 인터넷 위기

세계적 기업인 맥도널드도 인터넷상에서 반대세력들과의 전쟁을 피할 수 없었다. 다국적 기업의 횡포에 맞서는 인터넷 모임에서 맥도널드에 대한 안티 사이트를 개설한 것이다. 이 사이트에는 맥도널드에서 진행 중인 소송에 관한 정보가 제공되었다. 이 소송은 〈맥도널드의 문제점〉이란 글을 인터넷상에 올린 두 사람을 맥도널드가 고소하면서 시작되었다. 안티 사이트가 개설된 지 12주 만에 170만 명 이상이 방문했으며 4만여 명이 소송 관련 문서를 검색했다. 소송과 상관없이 이에 관한 신문기사들은 맥도널드의 기업 이미지를 추락시켰다.

웹 사이트에 게시된 글이 허위라고 해서 일일이 법으로 대응하면 오히려 큰 낭패를 볼 수 있다. 소송이 끝나기도 전에 회사가 운명을 다할 수 있다. 네티즌들의 무조건적 비난과 질타를 받을 수 있기 때문이다. 맥도널드는 인터넷의 속성을 이해하지 못하고 일반적인 사건과 동일하게 취급하여 성급하게 법적인 조치를 취한 잘못이 있었다.

인터넷을 단순한 홍보 수단쯤으로 여기거나 고객센터 게시판을 개설하여 보다 원활한 고객 상담을 제공하는 정도로 이해하면 새로운 시대의 변화에 적응할 수 없다. 인터넷에는 그 이상의 가치와 실제 생활과는 다른 문화가 존재하기 때문이다.

때와 장소를 가리지 않는 블랙 컨슈머

'쥐 식빵' 사건의 사진과 글은 우리나라에서 회원활동이 가장 활발한 온라인 커뮤니티 사이트를 통해 새벽 2시경에 게시되었다. 이 시간에 대처할 수 있는 기업은 거의 없다. 실시간으로 모든 사이트를 일일이 감시할 수도 없으니 속수무책으로 소문이 퍼져 나갔다.

　기업이나 제품과 전혀 상관없는 인기 TV드라마 웹사이트에 느닷없이 제품에 대한 불만 글과 사진이 올라오기도 한다. 한 고객 서비스 담당자는 하루에 수만 명씩 지켜보는 TV드라마 홈페이지에 블랙 컨슈머가 글을 올리는 바람에 아주 골치 아팠다고 한다. 불만을 회사에 제기하면 최소한 들어주고 해결 방법을 찾을 텐데 엉뚱하게도 전혀 관련 없는 웹사이트 게시판에 글을 올리는 바람에 문제 파악과 대응이 더 힘들었다는 것이다.

대형 마트의 곰팡이 냉동 피자 사건

　2011년 6월, 대표적 SNS인 트위터에 모 대형 마트에서 구입한 냉동피자에서 곰팡이가 발견되었다는 글이 올라왔다. 글을 쓴 사람은 냉동 피자에서 곰팡이를 발견하고 구입처에 문의했다. 하지만 '원래 피자에는 곰팡이가 필 수 있다'는 성의 없는 답변만 듣고 환불이나 교환 등 적절한 A/S를 받지 못하자 소비자는 이 사실을 트위터에 공개했다. 결국 트위터를 관리하던 이 대형 마트의 본사에서 '트위터로 연락을 취해' 고객에게 사과했다. 일선에서 고객들을 직접 대하는 사람의 업무 처리가 얼마나 중요하며, SNS의 파급력이 얼마나 큰지 단적으로 알 수 있는 사례이다.

◆ 트위터로 전송된 곰팡이 피자 사진

문제가 된 냉동피자는 이탈리아에서 수입한 것인데 유통기한이 6개월 이상 남아 있어서 만약 곰팡이가 피었다면 문제가 심각해질 수 있었다. 곰팡이가 핀 피자라면 잘못 먹었을 경우 건강상 피해가 우려되는데도 고객 담당자가 제대로 확인하지 않고 무성의하게 처리한 것이 더 큰 문제이다. 냉동피자를 구

Case 6 SNS로 진화하는 블랙 컨슈머

매한 고객은 자신의 정당한 요구가 무시되자 트위터에 피자 사진과 해당 대형 마트에 대한 불만을 올린 것이다. 자신의 문제제기에 대해 기업이 무성의하게 대응하자 더 이상 기업이 문제를 해결해줄 것이라는 믿음을 가질 수 없어 자신이 활용 가능한 최선의 방법으로 트위터에 글을 쓴 것이다. 힘 없는 소비자가 할 수 있는 가장 쉽고 확실한 방법일지도 모른다.

하지만 트위터에 글을 쓴다고 해서 무조건 순식간에 퍼져나가는 것은 아니다. 트위터에는 다른 사람의 글을 다수의 트위터 사용자들에게 쉽게 전달할 수 있는 'RT(리트윗)' 기능이 있다. RT 기능을 이용하면 다른 사람의 글에 자신의 생각을 덧붙이는 코멘트도 가능하다. 다른 사용자들의 이목을 끌 만한 소재나 글이라면 자연스레 RT 횟수가 높아진다. 냉동피자의 곰팡이 사진과 항의 고객을 무성의하게 대한 대형 마트의 태도는 네티즌들로 하여금 '무한 RT'를 하고 싶게 만들었다.

대형 마트의 직원이 민원이 제기된 초기에 곰팡이인지 아니면 푸른색 치즈인지 명확히 조사하였다면 이런 사태까지 벌어지지 않았을 것이다. 곰팡이였다면 즉시 사과하고 교환 및 환불조치를 하면 된다. 곰팡이가 아니었다면 고객이 잘못 알았음을 설명하여 오해가 없도록 해야 한다. 이때에도 고객의 마음은 이미 상해 있으므로 다른 상품으로 교환해주었어야 했다. 인터넷에 사진이 올라오는 순간 곰팡이인지 아닌지 사실

여부를 떠나 돌이킬 수 없는 국면으로 접어든다. 사소해 보이는 문제를 무시하거나 간과하지 말고 반드시 적절한 조치를 취해야 한다.

한복은 위험한 옷?

서울의 한 특급호텔의 뷔페식당에서 한복을 입은 손님이 출입을 제지당하는 일이 발생했다. 마침 출입 거부를 당한 손님은 유명한 한복디자이너였다. 이 사건은 트위터를 통해 대중들에게 알려졌고 9시뉴스에 나올 만큼 관심의 대상이 되었다. 사건 발생 다음날, 그 호텔의 최고경영자가 출입 제지를 당한 한복디자이너를 직접 만나 사과했다. 상당히 용기 있는 행동이고 확실하게 문제를 해결하겠다는 경영자의 의지가 돋보였다.

그러나 인터넷 여론은 뜻대로 되지 않았다. 사건과 별로 관계없어 보이는 사진들이 사건 종료 후에도 인터넷 언론에 보도되며 이슈화가 지속됐다. 그중 하나가 '기모노'를 입은 사람들이 그 호텔에 출입한 사진이었다. '기모노는 되고 한복은 왜 안 되냐'는 반응이 나왔다. 호텔 측에서는 '기모노' 사진에 대해 다른 일 때문에 출입한 것이고 이번 사건과 무관함을 주장했지만 인터넷 여론은 쉽사리 누그러지지 않았다.

어느 고객만족실 담당자는 이 사건을 회사 내부의 커뮤니케이션 부재에서 원인을 찾았다. 정확하게 업무지시가 전달되지 않아서 생긴 해프닝이라는 것이다. 또 다른 원인으로 SNS 관리 소홀을 꼽았다. 평소 그 호텔이 SNS 등을 이용해 고객관리를 하고 우호적 여론을 형성하고 있었다면 이렇게 큰 문제로 비약되지 않았을 것이라는 견해다. 사건 발생 초기에 SNS로 정확한 원인을 설명하고 해결방법을 제시하였더라면 사태의 확대를 막을 수 있었을 것이다.

Case 7

착한 소비를 원하는 소비자들과 블랙 컨슈머

윤리적 소비를 원하는 소비자들의 출현

 마케팅 담당자, 고객만족 담당자들이 눈여겨봐야 할 트렌드가 있다. 이른바 착한 소비, 즉 윤리적 소비를 원하는 소비자들의 출현이다. 소비의 도덕적 정당성에 대해 생각하는 사람들이 늘어나기 시작하면서 녹색소비, 슬로우 푸드, 공정무역과 같은 소비운동이 생겼다. 이러한 일련의 움직임은 비윤리적 기업이나 제품에 대한 불매운동으로도 이어질 수 있기 때문에 기업으로서는 항상 관심을 가지고 주시해야 할 트렌드이다. 자동차의 경우, 환경보호의 당위성이 연비 향상이라는 경제적 이슈와 결합되면서 소비자의 큰 호응을 얻고 있다. 단순히 환경보호 차원의 배출가스 규제를 넘어 소비자의 경제적 욕구까지도 충족시키는 고연비의 하이브리드 자동차가 탄생한 것이다.

 그런데 아이러니하게도 윤리적 소비운동의 이면에 블랙 컨슈머의 위험이 도사리고 있다. 막연한 정의감을 가지고 '착한 소비'를 내세우며 보상금을 타내기 위해 불매운동 등으로 기업을 압박하는 사람들이 출현할 수 있기 때문이다. 불매 운동을 하는 이유는 다양하다. 제품이 마음에 안 들어서는 물론이고 노동착취에 의해 생산된 제품, 환경을 고려하지 않는 제품, 심지어 제품과 무관하게 자신의 정치적 견해에 따라 불매 운동을 하기도 한다. 또한 과다하게 가격을 인상하거나 과다 이익을 남기는 제품에 불만을 나타내기도 한다. 정상적인 윤리적 소비를 추구하는 소비자들 속에서 이러한 블랙 컨슈머를 구분하기란 쉽지 않다. 그렇기 때문에 기업은 윤리적 소비운동에 더더욱 관심을 기울일 필요가 있다.

네슬레(Nestle) 불매운동-비윤리적 마케팅의 결과

1970년대 네슬레는 비윤리적 마케팅으로 인해 불매운동의 대상이 되었다. 네슬레는 분유업계에서의 영향력을 바탕으로 아프리카 국가들에게 분유를 판매하는 마케팅 전략을 수립하였다. 그 당시 아프리카 여성들은 대부분 모유를 수유하고 있었는데 네슬레는 분유 소비를 확산시키기 위해 모유보다 분유가 낫다는 선전을 대대적으로 진행했다. 아프리카의 아기 엄마들에게 무료 샘플을 나눠주면서 자사의 분유를 광고했다.

아프리카와 라틴아메리카의 병원에 근무하는 의사와 간호사들을 상대로도 집요한 마케팅이 진행됐다. 그 결과 많은 병원에서 신생아들에게 분유를 먹이기 시작했다. 산부인과에서 퇴원하는 산모마다 무상으로 받은 젖병과 분유를 들고 나왔다. 네슬레의 대대적인 마케팅 덕분에 아프리카에서의 분유 수요가 점점 더 늘어나기 시작했다. 모유 수유를 중단하면 자연적으로 산모의 몸에서 모유가 분비되지 않는다. 모유가 나오지 않게 되므로 아기에게 분유를 먹일 수밖에 없게 된다. 그러나 경제 여건이 되지 않아 분유조차 충분히 먹이지 못하는 가정이 속출했다. 더구나 분유에는 모유에 있는 항체 성분이 없어 아기들의 면역력이 떨어지게 되었다. 또 분유에 익숙하지 않은 아기 엄마들이 강물을 그대로 퍼다 분유를 타 먹이는 일도 발생했다. 결과는 끔찍했다. 아기들이 질병과 굶주림으로 비참하게 죽어갔다.

세계보건기구(WHO)에서는 모유대체 상품으로서의 신생아용 식품 상용화에 관한 국제기준을 정하고 있다. 이 기준에는 산모에게 모유 대신 분유를 먹이라고 부추기는 광고를 금지하는 내용도 포함되어 있다. 많은 비정부기구들과 단체들의 네슬레 불매운동이 벌어졌다. 전 세계의 산모들, 특히 제3세계의 산모들에게 모유 수유 대신 분유를 먹이라고 부추기는 행위가 신생아의 발육과 심신발달에 악영향을 미친다는 연구결과도 나왔다.

많은 사람들이 항의했지만 네슬레는 잘못을 인정하지 않았다. 결국 네슬레 불매운동이 전 세계적으로 확산되고 소송이 진행된 후에야 네슬레는 부랴부랴 마케팅 전략을 국제기준에 맞게 바꾸었다. 하지만 네슬레는 오늘날에도 여전히 몇몇 국가에서 분유가 모유를 대체한다는 부적절한 광고를 통해 공격적 마케팅을 벌인다는 비난을 받고 있다.

윤리적 소비 욕구의 증가 – 공정무역

제3세계의 어느 소년이 바늘을 쥔 손으로 32조각의 축구공 가죽을 한 땀 한 땀 꿰매고 있는 사진이 1996년 《라이프》 지에 실렸다. 소년은 다국적 스포츠기업 나이키에 납품할 축구공을 만들고 있음을, 축구공에 선명하게 찍힌 나이키 로고가 말해 주고 있었다. 말하자면 나이키의 하청업체에 고용된 소년 노동자였던 셈이다. 이 사진 한 장으로 나이키는 기업 이미지에 커다란 타격을 입었다. 제3세계의 어린이의 노동까지 착취를 하는 나이키에 대한 반감에 전 세계적으로 불매운동이 일어났다. 결국 나이키는 모든 하청업체에 대하여 아동의 노동을 전면 금지하는 협약을 맺었다.

◆ 잡지 《라이프》에 실린 축구공을 꿰매는 소년 사진

공정무역(Fair Trade)이란 윤리적 소비의 한 형태이다. 선진국의 소비자들이 중간 유통단계를 거치지 않고 저개발국의 생산자들과 직거래를 함으로써 생산자에게 정당한 대가를 지불하고 물건을 구매한다는 것이 기본 개념이다. 세계가 함께 잘 살 수 있는 방법을 모색하는 거래 시스템인 셈이다. 국제공정무역연합(IFAT)은 ❶경제적으로 불리한 생산자들에게 기회 부여 ❷투명성과 책임 ❸역량 강화 ❹공정무역 촉신 ❺공정한 가격 지불 ❻성 평등 ❼노동 환경 ❽아동노동 ❾환경보호 ❿지속적인 무역 관계 등을 기준으로 심사하여 적합한 업체에 공정무역 마크를 제공한다.

스타벅스의 공정무역 충돌

2006년, 스타벅스는 커피원두 생산지 에티오피아 정부와 상표분쟁을 겪는 과정에서 개발도상국의 노동력을 착취하고 있다는 비난을 받게 되었다. 에티오피아 정부가 자국의 커피 산지에 대해 상표 등록을 추진하였으나 스타벅스가 로열티 지불을 우려해 반대하고 나서 마찰이 빚어졌다. 국제 빈민구호단체 옥스팜(Oxfam)에서 스타벅스를 강하게 비판하고 나서며 다국적 기업인 스타벅스에 대한 비난 여론이 일어났다.

앞서 말했듯이 공정무역은 커피, 설탕, 차 등 개발도상국에서 선진국으로 수출되는 물품을 생산하는 과정에서 노동착취가 일어나지 않도록 적절한 비용을 지불하여 생산국의 자립을 돕자는 취지에서 일어난 움직임이다.

커피는 석유 다음으로 국제거래가 많은 품목이다. 커피벨트라고 불리는 적도를 기준으로 북위와 남위 27도 사이에 걸친 열대, 아열대 지역에서 커피나무가 자란다. 커피벨트에는 대개 빈민국이나 개발도상국들이 위치해 있으며 다국적기업의 투자와 원조로 커피가 생산되고 있다. 기업은 당연히 원가를 낮추려는 노력을 하는데, 커피 생산 농민이 하루 종일 일해 받을 수 있는 돈은 1~2달러에 불과하다. 커피 생두 1kg의 가격이 우리 돈 100원 정도인데 반해 최종 소비자가 커피를 사먹는 가격은 한 잔에 3~4천 원 이상이다. 물론 유통비, 가공비, 유지비 등 제반 경비가 당연히 포함되는 것이지만 원가와 최종 소비자 가격 간의 차이가 너무 크고 소비자들이 지불하는 커피값에서 생산자에게 돌아가는 몫이 너무 적다는 것을 알게 된 소비자들이 스타벅스를 향해 노동착취라는 비난을 제기했다. 이러한 취지에 공감하는 사람들이 늘어나면서 다소 비싸더라도 공정무역을 통해 들여온 커피를 찾는 사람들이 늘어났다.

최근 우리나라에서도 커피원두의 원가가 언론을 통해 공개되었는데 소비자 가격 4천 원 정도인 고급커피 한 잔의 원가는 123원이라고 한다. 한편에서는 커피의 유통구조와 매장 운영비 및 바리스타의 역할을 이해하지 못한 보도라는 비난도 제기되었다. 사직동의 한 커피전문점 대표는 "매장을 찾는 손님들도 커피값이 싸지면 좋아하겠지만 그렇다고 커피 원가가 123원이라는 얘기를 믿지는 않는다"고 말했다. 현재 커피 한 잔의 가격이 불매운동으로까지 이어질 만큼 고가로 느껴지는 것은 아니지만 커피 생두를 생산하는 사람에게 주어지는 이익이 최종 소비자가에 비해 상당히 적은 것은 사실이다.

❖ ❖ ❖

윤리적 소비를 원하는 소비자가 증가할수록 과거에는 문제라 여겨지지 않던 부분이 비윤리적 기업 활동으로 비춰져 소비자의 저항에 부딪힐 수 있다. 윤리적 생산을 이끌어 내는 윤리적 소비 현상을 이해하지 못하면 소비자 불만이 증가하게 되고, 이러한 과정을 잘 알고 있는 누군가가 윤리적 소비로 위장해 블랙 컨슈머로 출현할 수 있음을 인식할 필요가 있다.

PART 2

Case 8

기업의 블랙 컨슈머 대응전략

01 어떻게 하면 해결할 수 있을까?

　　법망을 피해 다니는 블랙 컨슈머를 일일이 처벌하기가 쉽지 않다. 왜냐하면 그들은 마치 정당하게 소비자의 권리를 행사하는 것처럼 위장하고 있기 때문이다. 어디까지나 법은 최종적인 수단이므로 강력한 처벌만이 능사는 아니다. 법적인 해결방법을 택하기 전에 협의할 수 있는 부분은 최대한 협의로 해결하는 것이 좋다.

　　불량 고객은 자신이 정당한 권리를 행사하고 있다고 믿고 있어서 기업의 설명을 들으려 하지 않으려는 경향이 강하다. 〈소비자분쟁해결기준〉이나 회사의 보상처리규정을 무시하고 자신의 기준에 맞추라는 무리한 요구를 한다. 때로는 증거를 조작하여 사기 등 범죄행위를 저지르기도 한다. 불량 고객의 요구는 기업이 제시하는 보상범위를 넘어서는 경우가 대부분이지만, 물론 그중에는 위법하지 않은 경우도 있다. 따라서 매우 신중한 접근이 필요하다.

Case 8 기업의 블랙 컨슈머 대응전략

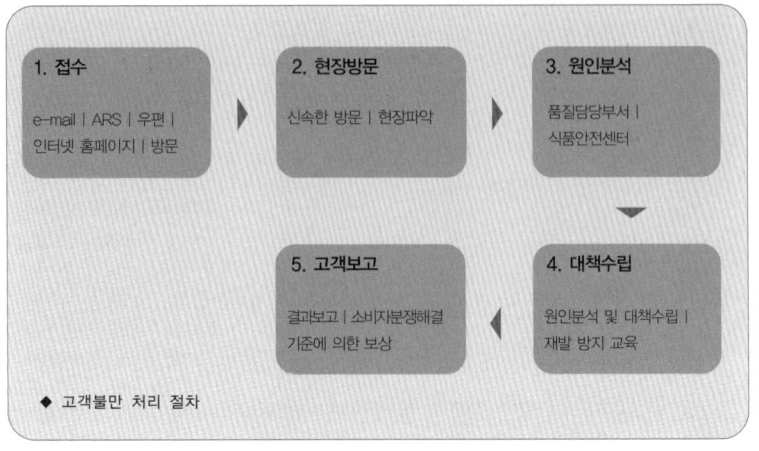

◆ 고객불만 처리 절차

기본적인 대응 방법

- 먼저 사과하고 고객의 불만을 열심히 경청한다.
- 변명을 하지 않으며 고객 관점의 어휘 사용으로 공감대를 형성한다.
- 천천히 침착한 목소리로 이야기하고 필요에 따라 대화 장소를 바꾼다.
- 고객과 합의한 대안은 성실히 실천한다.

다음 단계에서 사용할 수 있는 방법

- 기다린다.

모든 방법을 써본 후 그래도 안 풀릴 때 마지막으로 해볼 수 있는 방법은 기다리는 것이다. 시간이 지나면 감정이 누그러져 문제가 해결되는 경우가 많다.

- 확고한 태도 – 안 되는 것은 안 된다.

고객에게 쩔쩔맬 필요가 없다. 직원은 노예가 아니다. 친절하게 대하되 비굴한 자세가 되어서는 안 된다. 지나친 친절은 고객에게 착각을 불러일으킨다. 문제를 해결하려고 하는데 고객이 계속 고함을 지르거나 소란스럽게 하면 전담팀에서 해결하도록 이관하겠다고 명확히 말한다. 진지한 태도를 견지하면 불만을 표출하는 고객도 누그러지게 된다.

- 적절한 보상

경우에 따라 소액이더라도 적절한 보상을 하는 것이 좋다. 사은품을 보내주는 방법이 효과적이다.

고객은 은근히 자신을 기억해주기를 바라고 많은 시간을 배려 받기를 원한다. 직원이 다른 손님 응대 때문에 시간에 쫓기듯 설명하면 불안한 상태가 되어 불만이 생길 수 있다. 고객이 말하기 전에 먼저 알아차리고 해결해주기를 바라는데 이것은 불가능한 일이다. 온라인 쇼핑몰에서 있었던 일이다. 어떤 불만고객은 한밤중이라도 전화하면 받아야 하고 부재중인 경우 전화기 모니터에 뜨는 전화번호를 보고 척 알아서 업체에서 자신에게 전화해 문제를 해결해 줄것을 요구했다. 현실적으로 불가능한 서비스에 대해서는 고객에게 충분히 설명하여 해결해야 한다.

잘못 알려진 서비스 신화,
노드스트롬 백화점 타이어 환불 사건

미국 시애틀에 본사를 두고 있는 백화점 체인 노드스트롬에는 서비스 정신에 관한 많은 일화가 구전되어오고 있다. 기업의 서비스정신을 이야기할 때 빠지지 않고 사례로 소개될 만큼 노드스트롬 백화점의 서비스 정신은 유명하다. 그중 타이어 환불 일화는 특히 많은 사람들에게 감동을 주었다.

> 어느 날 노드스트롬 백화점에 한 고객이 타이어를 환불해 달라고 찾아왔다. 매장 직원은 두말없이 고객에게 환불을 해주었다. 그런데 그 백화점에서는 타이어를 판매하지 않고 있었다. 백화점에서 판매하지 않는 물품이었지만 고객 서비스를 위해 기꺼

> 이 환불을 해준 것이다. 환불금액은 불과 4달러. 서비스에 만족한 고객은 기분이 좋아져 쇼핑을 했고 결국 환불금액 이상의 큰 이익을 백화점에 안겨주었다. 이 고객이 백화점의 VVIP였다는 사실은 뒤늦게야 알려졌다. 타이어를 판매하지 않는 백화점에서 타이어를 환불해줄 정도로 고객감동 서비스를 제공하여 몇 배의 수익을 올리게 된 사연이다.

    이 이야기는 기업의 고객만족 교육 시간에 빠뜨리지 않고 등장하는 일화이다. 하지만 이런 의문점이 든다. 타이어를 환불받고 싶으면 타이어를 구입한 곳에 가야지, 그 고객은 왜 하필 백화점에 와서 환불을 요구한 것일까? 고객만족을 위해서라면 고객이 아무 물건을 가져와도 다 환불해주는 식으로 서비스 정신을 마구 발휘해도 된단 말인가? VVIP라면 백화점에서 팔지도 않는 물건을 가져와 반품을 할 수 있단 말인가? 타이어 환불금액이 고작 4달러(어떤 자료에는 29달러라고 함)에 불과하므로 환불해주고 쇼핑에서 큰 이익을 잡는 게 더 낫다는 계산인가? 만약 이 일화의 배경이 60년대라면 '불과 4달러'라고 말할 수 있을까? 조금만 생각해보면 의문과 허점투성이인 이야기이다.

Case 8 기업의 블랙 컨슈머 대응전략

서비스 정신에 관해 거의 교과서처럼 전해내려오는 유명 일화이지만 오랜 세월 동안 구전되면서 정확한 사실 여부를 확인하기가 힘들어졌다. 기존의 남아 있는 자료들을 바탕으로 당시 벌어진 일들을 재구성해보았다. 뭔가 중요한 대목이 빠져 있음이 분명하다.

그 타이어 환불 고객은 블랙 컨슈머인가?

팔지도 않는 타이어를 가져와 막무가내로 반품을 요청한 고객은 블랙 컨슈머는 아니었을까? 더구나 반품해준 직원의 행동은 적절했을까? 백화점에서 팔지도 않는 타이어에 대한 반품 요청을 자기 마음대로 받아준다는 것은 합리적인 행동이 아니다. 아무리 서비스 정신이 중요하다고 해도 해줄 수 있는 부분과 그렇지 않은 부분은 구분되어야 하기 때문이다.

자료를 찾아보니 새로운 사실을 발견할 수 있었다. 노드스트롬 사가 과거에 타이어 회사를 인수한 적이 있었다. 그러자 의문점이 조금 풀렸다. 고객이 환불을 요구한 타이어는 노드스트롬 사가 인수한 회사에서 판매하던 타이어였다. 그러므로 타이어 판매에 관한 A/S책임은 타이어 회사를 인수한 노드스트롬 사에게 있었다. 현재 타이어 판매를 중단했다고 해서 A/S책임이 완전히 사라지는 것이 아니기 때문이다. 그 고객은 타이어 판매회사를 인수한 노드스트롬에 와서 해결하고 싶었을 것이다. 그래서 노드스트롬 백화점에 와서 환불을 요구한 것이다.

이때 고객만족 차원에서 중요한 점이 매장 직원의 태도이다. 망설이지 않고 환불해주었던 것이다. 그 직원은 왜 망설이지 않았을까? 타이어의 환불기간 또는 A/S기간이 지나지 않았다면 환불해줄 수 있다. 기간이 지났을 지라도 경우에 따라서는 환불이 가능할 수도 있다. 자동차용 액세서리나 방향제 등 관련된 다른 제품으로 교환도 가능하다. 대체품으로의 교환은 소규모 영세업체에서도 쉽게 찾아볼 수 있는 일반적인 서비스다. 매장 직원이 환불해줄 수 있었던 이유는 고객이 VVIP라는 것을 미리 알아서도, 앞으로 이 고객이 더 많은 쇼핑을 해서 회사에 이익을 줄 것이라 예상해서도, 환불금액이 단지 몇 달러밖에 안 되서가 아니었다. 그 매장 직원은 최대한 고객에게 서비스해야 한다는 것과 현재 백화점에서 타이어를 판매하지 않는다는 사실, 그리고 과거에 타이어 회사를 노드스트롬 사가 인수했다는 사실을 모두 알고 있었던 것이다. 그래서 그는 망설임 없이 환불해줄 수 있었다. 즉 자신이 일하는 노드스트롬 백화점에 고객 서비스 책임이 있다는 것과 고객이 원하는 환불이 가능하다는 판단 하에 매장 직원으로서 담당업무 범위 안에서 서비스 정신을 최대한 발휘한 것이다.

정확한 교육과 이해과정이 필요하다

CS교육에서는 강사의 정확한 내용전달과 수강생의 논리적인 이해과정이 필수다. 무작정 서비스 정신만 강조해서 앞뒤 맞지 않는 이야기를 우겨 넣으면 반발이 생길 수 있다. 억지로 끼워 맞추기식 고객만족 교육은 역효과를 낼 수 있다. 해결되지 않은 의문점이 남으면 결국 '쓸데없는 교육시간'이라는 인상만 남기기 때문이다.

직원들의 '태도'를 문제 삼고 잔소리처럼 훈계하는 교육도 반발을 일으킬 수 있다. '진정성'을 가지고 고객을 대하라는 말처럼 구체성이 없는 지침은 정말 막연하게 다가갈 뿐이다. 직원의 성격이나 인간성을 꼬집는 사람도 있는데 이는 교육과 훈계를 구분하지 못해 생기는 일이다. 인사하는 마네킹처럼 고객을 대한다고 고객이 만족하지 않는다. 보다 중요한 단계가 선행되어야 한다.

스스로 맡은 업무의 본질을 파악하라

자신이 무슨 일을 하는지조차 모르고 업무에 임하는 사람들이 상당히 많다. 회사에서 맡은 업무가 자신에게 어떤 의미가 있는지, 고객들에게 어떤 의미가 있는지, 회사에는 또 어떤 의미가 있는지 각자 심사숙고해보아야 한다. 업무의 정의(definition)가 바로 잡혀 있어야 어떤 문제든 쉽게 파악되고 해결책도 나올 수 있기 때문이다.

노드스트롬 백화점과 관련된 또 다른 일화가 있다. 백화점 마감 시간을 넘겨 찾아온 고객이 꼭 필요하다며 물건을 찾아 달라고 하자 담당직원이 창고까지 내려가 물건을 가져와 판매했다고 한다. 담당직원이 퇴근에 급급해하거나 귀찮아하는 모습을 보였다면 서비스정신으로 이름난 노드스트롬 백화점의 명성은 이어지지 않았을 것이다. 그 직원은 자신이 맡은 업무의 본질을 업무 시간 내에 주어진 일을 처리하는 것을 넘어 고객을 만족시키는 차원까지라고 생각한 것이다. 폐점시간 후라도 자신의 책임범위 내에서 자율성을 발휘하여 문제를 해결할 수 있었던 데에는 이러한 업무 정의가 분명 큰 역할을 했을 것이다.

맡은 업무의 본질을 잘 파악하고 있다면, 없는 감정을 만들어내는 가짜 친절이 아니라 진지하게 고객을 대하며 해결책을 찾는, 말 그대로 진정성 있는 자세가 나오게 된다. 고객은 자신을 진지함으로 대하는 직원을 신뢰하게 되고 적절한 선에서 해결책을 찾으려 할 것이다. 강심장을 가진 블랙컨슈머라도 진지하게 나오는 직원에게 억지 부리기는 쉽지 않다.

고객을 궁금하게 만들지 말라

고객은 참을성이 없다. 블랙 컨슈머일수록 더욱 참을성이 없다. 대개 사람들은 궁금한 것을 못 참는다. 자신이 구매한 제품에 하자가 있는 경우 기업에서 어떻게 보상해줄 것인지 궁금할 수밖에 없다. 고객이 묻기 전에 답을 알려주는 것이 좋다. CRM(Customer Relationship Management)을 통해 파악된 잦은 질문 사항(FAQ: Frequently Asked Question)을 고객에게 미리 알려주는 것도 불필요한 마찰을 줄이는 방법이다.

문제적 행동의 고객에 대한 원칙적 대응이 필요하다

기업이 이미지 실추를 피하기 위해 고객의 무리한 요구를 임시방편으로 수용해오다 현재와 같은 상황에 이르렀다는 점을 먼저 인식해야 한다. 기업 스스로 블랙 컨슈머 현상을 초래한 측면도 있다는 것이다. 기업에 항의했다가 쉽게 환불받은 고객이 좀 우겼더니 환불해주더라는 내용을 인터넷에 올리고, 이런 경험들이 소비자들에게 공유되면 불량 고객들이 늘어나게 된다. 고객이 언성을 높인다고 고객 담당자가 괴로워하고 업무방해를 견디지 못해 고객의 억지 요구를 들어주다 보면 블랙 컨슈머가 출현하기에 점점 더 좋은 환경이 되는 셈이다.

고객들은 대부분 자신이 잘못 구입했다고 생각하지 않는다. 오히려 제품에 하자가 있거나 심지어 매장 직원한테 속아서 필요 없는 물건을 샀다고 생각하기까지 한다. 기업은 제품설명서나 제품 사용 안내시 가능한 모든 경우의 수에 대한 대비책을 설명하거나 안내함으로써, 고객이 제품에 대해 잘 몰라서 잘못 구매하는 일이 생기지 않도록 미연에 주의해야 한다. 그래야 자신의 선택에 대해 책임지지 않으려는 불량고객들의 요구를 더 이상 받지 않을 수 있을 것이다. 클레임에 대한 보상은 공정거래위원회에서 고시한 소비자분쟁해결기준에 의거하여 보상함을 원칙으로 정한다.

피해유형	보상기준	비고
❶ 함량, 용량 부족 ❷ 부패, 변질 ❸ 유통기한 경과 ❹ 이물 혼입	제품 교환 또는 구입가 환불	
❺ 부작용 ❻ 용기파손 등으로 인한 상해사고	치료비, 경비 및 일실소득 보상	일실소득 피해로 하여 소득 손실이 발생한 경우에 입증된 때에 한하여 보상함 입증 불가능한 경우 시중 노임단가를 기준으로 함

◆ 소비자분쟁해결기준 예시

만약 화장지의 분량이 표시보다 다소 부족하다면 어떻게 해결하면 될까?

영화에서처럼 근소한 차이로 길이가 모자란 화장지를 불량품으로 고발하겠다고 하면 어떻게 해결해야 할까? 해결방법은 〈소비자분쟁해결기준〉에 의해 처리하면 된다. 즉 교환을 하거나 환불을 하는 방법이다. 모든 제품은 표시 중량이나 표시 길이와 다소 차이가 날 수 있다. 과연 길이가 1cm라도 모자라면 불량품일까? 그렇지 않다. 모든 제품은 '오차의 범위'가 있는데 이 범위 내에 있으면 합격품이다. 또 100% 전수검사를 하는 것이 아니라 몇몇 제품만 검사하는 샘플링 검사를 하므로 함량미달 제품이 당연히 발생할 수 있다. 그러므로 함량미달과 같은 하자가 있는 제품은 교환 또는 환불하는 방법으로 해결하도록 〈소비자분쟁해결기준〉을 마련한 것이다.

고객 상담 매뉴얼이 필요하다

일부 기업에서는 문제행동이 심각한 고객을 별도의 전담부서에서 처리한다. 하지만 대부분 기업에서는 이러한 전담부서를 운영할 여력이 없다. 전담부서의 능수능란한 경력자가 불량 고객을 상대하면 좋겠지만 높은 인건비를 생각한다면 기업은 그런 여유를 부릴 수 없다. 신입사원이라도 일정한 교육만 받으면 고객의 불만사항을 처리할 수 있는 전문 매뉴얼을 만들어 활용하는 것이 중요하다.

표준화된 매뉴얼을 통해 보상의 기준을 밝히고 고객들의 동의와 인정을 이끌어내야 한다. 일방적인 보상기준은 오히려 반발을 일으킬 뿐이다. 업무미숙으로 우왕좌왕하는 모습을 보이면 참고 있던 고객도 분노할 수 있다. 고객 상담 매뉴얼을 충분히 숙지하여 능숙하게 일처리를 한다면 고객의 불만을 잠재울 수 있다. 고객을 담당하는 직원도 사람이다. 사람이므로 감정이 있고 사람이다 보니 실수도 한다. 일상생활에서의 실수는 다시 잘하면 된다. 그러나 업무에 있어서 실수는 곧 기업의 손실을 의미한다. 그러므로 실수를 줄이기 위한 장치들 즉 업무매뉴얼의 준비와 직원교육이 필요하다.

매뉴얼만으로 부족하다

모든 공정을 표준화하고 매뉴얼을 만드는 일은 중요하다. 그러나 이 매뉴얼이 실전에서 제대로 힘을 발휘하려면 담당자의 고객 상대 스킬이 더해져야 한다. 매뉴얼에 나와 있는 지침은 예시일 뿐이다. 각각의 상황에 맞는 대응을 하려면 고객담당자가 업무를 충분히 익히고 있어야 한다. 고객 담당자의 업무 범위 내에서 자율성을 주어 상황에 맞게 대처할 수 있도록 하는 것이 바람직하다. 단순한 어조로 앵무새처럼 반복하는 대응방법은 역효과를 낼 수 있다.

그렇기 때문에 규정 범위 내에서 자율성을 발휘하는 탁월한 고객서비스가 필요하다. 서비스 담당자가 상황에 따라 유연하게 자율성을 발휘하면 보다 효과적인 대응이 된다.

경영자는 고객 담당자의 괴로움을 인식해야 한다

고객담당자들에게서도 업무스트레스로 인한 감정의 손상이 발생한다. 불만고객을 상대하는 일은 자신의 감정을 숨기고 하는 성질이 있다는 점에서 심각한 감정노동이 될 수 있다. 텔레마케터처럼 자신의 감정은 최대한 억제하고 무조건 친절해야 하는 고객센터의 직원들은 극심한 스트레스에 시달린다. 이런 점들을 경영자가 인식하고 있어야 한다. 월급 받으니까 그만한 일은 견뎌야 한다고 생각한다면 월급 이상의 중요한 의미가 직업에 내포되어 있다는 점을 간과한 것이다. 감정노동이 심해져 견딜 수 없는 상태가 계속된다면 제대로 일을 할 수 없다. 담당자들이 일을 괴로워한다면 업무처리가 늦어지고 그로 인해 다른 민원을 해결할 시간이 늘어나게 되며, 이는 곧 비용발생을 의미한다. 불필요한 비용의 발생을 줄이는 것은 경영자의 주된 관심사다. 감정 노동이 격해져 업무효율이 하락하지 않도록 배려하는 경영자의 인식이 중요하다.

불량고객을 유발하는 직원

　IT기업에 근무하는 이 모 씨(40)는 '○○박사'라는 여행사의 웹사이트를 통해 일본여행 상품을 구매했다. 고객 담당자 채 모 씨는 해당 여행상품이 최소인원 8명이 안 되면 추가비용이 발생한다고 이 씨에게 안내했다. 그런데 며칠 후 이 여행상품을 소개하는 웹사이트의 안내 페이지가 삭제되어 검색되지 않는 일이 발생했다. 문의하자 여행사의 IT담당자는 "시스템이 다운된 적이 없고 해당 웹페이지 삭제는 파악할 수 없다"고 답변했다. 이런 답변은 웹사이트에 관해 일반적으로 들을 수 있는 것이다. 고객 담당자인 채 씨는 "추가비용이 발생할 수 있다고 안내했는데 왜 못 들었다고 말하느냐"는 동문서답으로 오히려 고객에게 따지고 들었다. 이 씨의 문의는 추가비용 안내를 못 받았다는 말이 아니라 웹페이지가 삭제되어 고객 모집이 안 된 것이 아니냐는 것이었는데, 담당자는 자신에게 책임 추궁이 올까 봐 전전긍긍하는 눈치였다. 우여곡절 끝에 일본 출국을 위해 공항에 갔더니 또 문제가 발생했다. 여행사에서 보내준 항공예매권을 항공사 직원에게 보여줬더니 '취소된

표'라는 답을 들었다. 너무 황당해서 다시 물어봤지만 '여행사가 보내준 예매표는 취소된 것'이라고 재확인했다. 그 후 이 씨는 한국소비자원에 'OO박사'를 고발하였고 조사 끝에 여행사측에서는 잘못을 인정하고 손해배상으로 소정의 여행상품권을 보내왔다.

여행사 직원이 항의하는 고객을 골탕 먹이기 위해 취소된 예매표를 보낸 것으로 나중에 파악됐다. 도대체 이런 일이 어떻게 벌어질 수 있었을까? 자신이 무슨 일을 해야 하는지 모르고, 고객의 요구를 이해하지 못하고, 자기감정을 주체 못해 고객과 맞서 싸우는 직원은 불량 고객을 유발할 수 있다.

사장 나와! 책임자 나오라고 해!

그런다고 사장을 불러올 수는 없다. 까다로운 민원이 발생했을 때 담당자의 초기 대응이 중요하다. 우왕좌왕하면 당장 팀장을 불러 달라거나 사장 나오라는 소리를 듣기 십상이다. 담당자는 문제를 파악하고 고객의 불만 사항을 빠르게 이해해야 한다. 두서없이 말하는 고객도 있을 수 있고 전후 사정은 이야기하지 않은 채 문제되는 부분만 뚝 떼어 말하는 경우도 있으므로 전체 상황 파악에 주력해야 한다.

문제가 파악되면 해결을 해야 하는데 당장 해결이 나지 않는 사안일 수 있다. 이때 과도하게 항의하는 고객이 상급자를 불러달라고 하거나 사장을 부르면 정확하게 답변해야 한다.

"제가 이 일의 담당자이고 저에게 말씀하셔야 해결이 됩니다. 제가 책임자입니다."

아무리 설명해도 사장을 불러달라고 할 것이다. 그래도 꿋꿋이 자신이 '책임자'이며 자신을 거치지 않으면 해결되지 않는다는 점을 강조해야 한다. 왜냐하면 바로 '당신'이 그 일의 책임자이기 때문이다. 불량고객의 과도한 행동을 견디지 못하고 팀장을 찾거나 사장을 부르면 당신은 회사에서 그 일을 맡을 자격이 없다. 회사에는 직책이 있고 직급에 따라 맡은 일에 책임을 져야 한다. 고객을 담당하는 업무를 맡고 있다면 까다로운 고객도 해결할 수 있다는 의지를 갖고 있어야 한다.

◆ ◆ ◆

택배회사 직원이 불친절해도 제조업체에 민원을 제기한다
제품을 직원이 직접 배송하지 않고 택배업체를 통해 배달하는 경우 택배회사 직원의 실수나 불친절이 제품 제조회사로 접수되는 경우가 있다. 제품 제조회사와 택배회사는 아무 관계가 없어도 소비자는 택배회사 직원의 불친절을 제조업체의 불친절로 받아들인다. 추석이나 설 명절과 같이 특정한 시기에는 택배 물량이 특히 많아 늘 분쟁이 발생한다. 제품이 결국 배송기사 또는 택배회사를 통해 고객에게 전달된다는 점을 인식하여 제품 외적인 부분에도 클레임이 발생하지 않도록 주의를 기울여야 한다.

고객을 응대하는 것은 설득과 이해의 과정이다.

고객을 상대하는 것은 설득과 이해의 과정이다. 과도한 주장을 하는 고객을 설득하려면 담당자가 업무에 대한 자신감이 있어야 한다. 업무 자신감이 없다면 고객과의 기싸움에 휘말리게 된다. 설득은 기본적으로 말과 분위기에 의존하므로 신뢰를 바탕으로 꾸준한 설득과 이해가 필요하다.

먼저 잘못을 정중히 사과하고 고객이 충분히 받아들일 만한 이유를 상세히 설명할 수 있어야 한다. 장황한 설명은 오히려 역효과를 일으킬 수 있다. 간결하게 원인을 설명하고 어떻게 할 것인지 해결책을 제시해야 한다. 핵심 파악이 느리고 해결이 늦어지면 고객은 불만을 넘어 분노를 일으킬 수 있으니 주의가 필요하다. 시간이 걸리더라도 고객의 문제를 해결하기 위해 노력하고 있다는 느낌이 들게 해야 한다.

02 고객유형에 따른 대응 방법

기업에 부당한 요구를 하는 불량고객들의 문제적 행동 유형을 분류하였다. 기업의 고객담당자들 의견을 종합해 보면 다음과 같은 유형으로 정리할 수 있다.

❶ 막무가내형(억지, 과다 보상)

하자 발생의 원인과 결과를 따지지 않고 기업의 A/S처리 절차를 무시하는 막무가내형 고객들은 무조건 자기 의견만 옳다는 태도로 나온다. 소비자분쟁해결기준보다 과도한 보상을 요구한다. 직원의 불친절이나 사소한 실수를 크게 확대해석하여 트집을 잡고 보상을 요구하기도 한다. 담당직원의 징계 또는 해고, 정신적 피해 보상, 전화비, 교통비, 시간비용 등등 과민 반응과 함께 각종 비용을 요구하기도 한다.

[대책] 억지주장을 모두 받아들일 수는 없다. 이럴 때는 다음과 같은 태도가 적절하다.

"죄송합니다. 최대한 고객님의 요구를 수용할 수 있도록 노

Case 8 기업의 블랙 컨슈머 대응전략

력하겠습니다."

'죄송합니다'라는 말로 분위기를 누그러뜨리고 요구사항을 최대한 받아들이겠다는 뜻을 전달하는 것이 중요하다. 처음부터 '곤란하다'라고 하면 더 큰 반발을 일으킬 수 있다. 일단 수용하는 태도를 취하고 나면 그 다음은 어느 정도까지 들어줄 것인지 협상의 여지를 남길 수 있다.

❷ 무조건 환불형(부당요구)

환불기간이 지난 후 환불을 요구하거나 사용 후에는 반품이 불가능한 제품을 구매하여 사용한 후 반품해달라고 우기는 유형이다. 단순 변심에 의한 반품이 가장 많이 차지한다. 온라인 쇼핑몰 업계에 따르면 단순 변심에 의한 반품은 위약금이 있거나 반품 택배비를 물리는 경우가 일반적이어서 이를 내지 않기 위해 일부러 제품을 긁거나 뜯어서 하자를 만든 후 반품하는 치사한 소비자도 상당수라고 한다. 반품 받은 물건의 재생이 불가능하여 폐기할 수밖에 없는 경우 업체의 손실은 커지게 된다.

[대책] 온라인 쇼핑몰의 경우 반품은 곧 손실이므로 최대한

반품을 줄이기 위해 상품 발송전에 하자유무를 조사하고 발송한다. 그리고 환불기간과 방법을 눈에 들어오게 기재한 설명서를 동봉한다. 업체에 따라서는 손으로 일일이 정성들여 쓴 감사카드를 동봉하기도 한다. 재구매를 유도하려는 목적도 있지만 고객에게 감동을 주어 단순변심에 의한 반품을 줄여보려는 의도가 있다.

❸ 파파라치 전문가 스타일

식품이나 제품에 하자를 발견하고는 업주에게 고발을 하겠다고 하거나 인터넷에 유포시키겠다고 하여 과다한 보상금을 뜯어내는 유형이다. 법 규정을 잘 모르고 있는 영세 상인이나 산간지역의 주유소 혼유 사건처럼 세상 물정에 어두운 사람들을 대상으로 위협을 하기도 한다. 신고 포상금을 노리고 쫓아다니는 파파라치 스타일은 전문지식으로 무장하고 있어서 상당히 까다로운 블랙 컨슈머이다.

[대책] 관련 업계의 협회나 동종업자들과 교류하여 법 규정과 적용에 관해 파악해야 한다. 관련 교육을 수강하는 것도 도움이 된다. 자신이 알고 있는 상식만을 가지고 일을 하기에는 세상이 많이 복잡해졌으며 법 규정도 자주 바뀌므로 이를 적

극적으로 파악하려는 노력이 필요하다.

블랙 리스트의 공유는 개인정보보호 차원에서 위법하지만, 관련 업계와의 교류를 통해 악덕 소비자의 존재를 파악할 수 있다. 실제로 기업의 고객만족팀(소비자보호팀)에 근무하는 직원들은 이런 방법으로 정보교환을 하고 있다.

❹ 폭언형(욕설, 무례한 말투)

매장에서 직원을 상대로 폭언을 퍼붓거나 심지어 욕설을 하는 고객 유형이다. 목소리 큰 사람이 이긴다는 생각을 가지고 소란을 피워 다른 고객들에 대한 피해를 우려한 업체의 항복을 받아내려는 속셈이다. 양보가 아니라 항복을 받으려는 것이다. 꼼짝 못하는 직원에게 무례하게 행동하며 "이것들이 잘못이 없으면 왜 이러겠어"라는 막말도 서슴지 않고 내뱉는다. 심한 경우 언론이나 인터넷에 유포하는 행위를 할 소지가 크다.

[대책] 극단적인 행동을 하는 사람에 대한 대책은 별로 없다. 특히 화를 내는 고객이 제일 상대하기 어렵다. 일단 상대방이 하고 싶은 이야기가 무엇인지 듣는 것이 중요하겠다. 무엇 때문에 화가 났는지 왜 폭언을 퍼붓는지 알아내야 한다. 단

독 상담실로 이동 후 무엇 때문에 소리 지르는지 파악한다. 그리고 잠시 기다리는 것도 괜찮은 방법이다. 처음에 일부러 큰 소리를 내는 사람도 있으므로 시간을 두고 다소 누그러질 때까지 기다리는 방법인데 의외로 효과가 있다. 다만 사소한 부분에서 실수하지 않도록 극히 주의해야 한다.

❺ 업무방해형

업무 중 계속 전화로 항의를 하거나 매장에 찾아와 불만을 계속 이야기하면서 업무를 방해하는 스타일이다. 해결하고 있으니 기다려달라는 말도 소용없고 다른 고객을 응대하려고 하면 "왜 나하고 이야기가 안 끝났는데 다른 사람하고 이야기하느냐"며 교묘히 업무를 방해한다. 이러면 업무방해가 될 수 있다는 직원의 말에 "고객이 정당하게 민원을 제기하는데 업무방해라고 협박하는 거냐"며 오히려 적반하장의 태도를 보이기도 한다.

문제를 일으키는 고객의 특징으로 보면 고객은 항상 옳다고 생각하고 고객이면 뭐든지 다 되고 고객의 말을 우선시해야 하고 고객의 요구는 다 들어주어야 한다는 생각을 하고 있다. 가전업체의 고객만족 담당자는 '고객은 항상 옳다'는 말의 기본 전제는 '고객이 옳은 말을 할 때'일 뿐이라는 하소연을 했다. 고객이 타당한 요구를 했을 때 비로소 고객의 요구를 들어주기 위해 적극적으로 귀를 기울이게 된다는 뜻이다.

[대책] 고객의 무리한 요구에 대해 '보상의 범위나 해결해줄 수 있는 사항'을 정확히 알려야 한다. 그렇지 않고 기업이 무책임하게 '마음대로 하라'는 식으로 대응하면 불량고객으로 발전할 수 있기 때문이다.

❻ 피해과장형
 내 피 같은 돈 어떡할꺼야!

 블랙 컨슈머는 돈의 가치를 과장한다. "내 피같은 돈", "땅 파봐라 그 돈이 나오나!", "내 돈 어떡할 거야? 내 돈 내놔!" 등등 자기 돈에 대한 가치를 과장하며 막무가내로 행동하기 일쑤다. 돈의 가치는 개인 상황에 따라 다소 상대적인 차이는 있겠지만 1만 원짜리 물건이 갑자기 1백만 원의 가치를 지니는 것으로 변하지는 않는다. 억지보상을 원하는 유형과 비슷한데 피해과장형이 훨씬 터무니없는 요구를 하는 경향이 있다.

[대책] 과거의 보상사례를 기준 예시로 들면서 고객을 설득하는 것이 적절하다. 블랙 컨슈머라도 기업의 입장이 확고하

다면 소송을 하지 않는 한 충분히 납득하고 보상기준을 받아들이기 때문이다. 대개 분노가 치솟는 고객은 자신의 피해를 과장하는 경향이 강한데 무조건 참으라고 이야기하는 것보다 보상사례를 예로 들면서 보상할 수 있는 한도에서 최대한 노력한다는 뜻을 전하는 것이 좋다.

・ ・ ・

블랙 컨슈머같은 행동이 꼬리가 길면 서비스업체에서 고객으로 대우를 받지 못하고 거부당할 수 있다. 백화점에 자주 나타나는 불량고객은 블랙 리스트에 올라 주의할 고객으로 분류한다고 한다. 고가의 명품 옷을 입고 다닌 후 환불기간 안에 환불해버리는 꼴불견 고객들 때문이다. 소비자를 보호하기 위한 환불기간을 악용하는 블랙 컨슈머들이다.

블랙 컨슈머 문제는 그 소비자의 개인적 성향에만 책임이 있는 것이 아니라 기업, 정부, 각종 소비자단체들도 책임이 있다는 의견이 있다. 기업은 언론유포를 빌미로 과도한 보상금을 요구하는 소비자에 대해 기업 이미지 실추를 우려해 원칙 없이 이를 들어주어 블랙 컨슈머의 악덕 행태를 조장한다는 비난이 있다. 정부도 정책이나 법 규정의 미비점을 해결해야 하고 소비자 교육을 강화해야 한다는 비판과 일부 소비자 단체의 과도한 소비자 보호가 문제점으로 지적되고 있다.

블랙 컨슈머를 한눈에 알아보는 방법은?

　　　　불행히도 발생 초기에 블랙 컨슈머인지 아닌지 한눈에 알아보는 방법 같은 것은 없다. 블랙 컨슈머는 대부분 선의의 소비자로 위장하고 있고 마치 소비자의 정당한 권리를 행사하고 있는 것처럼 보이기 때문이다.

'쥐 식빵' 사건의 경우에도 초기 상황만 보아서는 범죄자인지 가려내기가 불확실하다. 하지만 기업에 곤란을 주는 불량 고객임에 틀림없다. 정말로 문제 해결을 바라는 일반적인 소비자였다면 식품에서 이물질이 나왔을 때 판매처나 고객센터에 신고하거나 소비자원에 민원을 제기했을 것이다. 하지만 '쥐 식빵' 사건의 제보자는 인터넷에 사진을 유포하는 방법을 택했다. 쥐가 든 식빵 사진을 올려 기업의 명예를 훼손하고 크리스마스 대목에 영업을 방해하는 해결방법을 선택했다. 다른 의도가 엿보이는 대목이다. 이러한 사실은 '쥐 식빵' 제보자가 단순한 불만 고객이 아니라는 것을 알려준다. 그러므로 '쥐 식빵' 사건 제보자의 초기 행동을 분석해보면 그가 불량고객이거나 범죄의 소지가 있는 블랙 컨슈머임을 짐작할 수 있다.

03
블랙 컨슈머의 발생 예측
— 하인리히 법칙 적용

사고 발생 빈도에 관한 통계학적 이론이 '하인리히 법칙'이다. 이 이론은 위험 발생 빈도를 통계적으로 나타낸 통계법칙이다. 하인리히 법칙을 응용하면 클레임 발생을 예측할 수 있다.

1929년 미국 보험회사의 관리자였던 하인리히(H.W. Heinrich)가 사고를 분석하다 특이한 현상을 발견했다. 한 번의 대형사고(serious accident)가 발생하였을 경우 이와 관련된 29회의 경미한 사고(accidents)가 있었으며 그 주변에서 300회 정도의 이상 징후(potential incidents)가 발견되었다. ⟨1:29:300 법칙⟩이라고도 하는데 중대한 사건 뒤에는 그와 관련된 300회의 조짐과 29회의 작은 사건들이 존재한다는 의미이다.

하인리히 법칙은 사고 발생을 예상하는 데 활용할 수 있다. 어떤 제품에서 치명적인 결함이 발생하였다면 최소한 29회 정도의 관련 민원이 제기되었을 것이며 300회의 사고 조짐이 있었다고 볼 수 있다. 고객 담당자는 최소한 29번의 클레임이

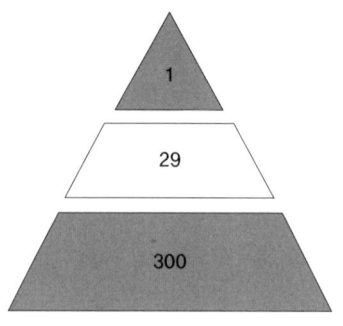

◆ 1:29:300법칙 피라미드

들어왔을 때 중대한 문제가 발생할 수 있다는 예상을 해야 한다. 고객 콜센터에 걸려오는 민원 내용을 분석하고 같은 종류로 분류하여 어느 부분에서 민원이 제기되고 있는지 시기나 계절에 따라 급증하거나 급감하는 민원은 어떤 것인지 체크하고 있어야 한다.

1995년 6월 29일, 서울시 서초구에 위치한 삼풍백화점이 붕괴되어 500명 이상 사망했다. BBC 다큐멘터리의 증언에 따르면, 삼풍백화점이 무너지기 2주 전부터 붕괴조짐이 있었다고 전해진다. 붕괴 전날에는 옥상과 천정에 금이 가기 시작했다. 사고 당일 오전에는 건물에서 이상한 소리가 나고 먼지가 날리기 시작했다. 사고 당일 12시경 안전진단요원이 붕괴 가능성을 지적하고 건물에서 대피하여야 한다고 했지만 최고 경영자는 안일한 생각으로 이를 무시했다. 결국 오후 6시경

삼풍백화점은 붕괴되어 502명의 사망자를 내는 대참사로 이어졌다. 붕괴의 원인은 여러 가지가 있었겠지만 대부분 숨겨져 있어 쉽게 파악하기 어려웠을 것이다. 그렇다고 할지라도 겉으로 드러난 작은 징후들에 대한 보고들을 묵살하지 않고 조치를 취했더라면 건물 붕괴까지는 막지 못해도 인명사고는 피할 수 있었을 것이다.

회사 업무를 대충 감으로 해서는 안 된다. 정확한 통계와 분석으로 중대한 사고의 발생가능성을 예측하고 사전에 이를 예방해야 한다. 회사를 협박하는 블랙 컨슈머 한 명이 발생했다면 이와 관련된 클레임이 29번 정도 발생하였을 것이고 클레임제기는 없었지만 300번 정도의 사소한 조짐들이 있었을 것이다. 그러므로 최소한 29번의 사소한 클레임 발생을 사소하게 보지 않는 치밀하고 적극적인 자세가 요구된다.

이상 징후를 포착하라

문제는 어느 날 갑자기 발생하지 않는다. 사전에 징후가 있기 마련이다. 완벽하게 출시된 제품이 갑자기 리콜되어 들어오는 경우도 사전에 크고 작은 징후가 있었을 것이다. 이러한 징후를 대수롭지 않게 여기고 넘길 수 있지만 그 원인을 잘 찾아내어 해결할 수만 있다면 큰 피해를 사전에 막을 수 있다.

자주 발생하는 민원에 대해 담당자는 관리자에게 보고를 하도록 하고, 관리자는 이를 대수롭지 않게 넘기지 말고 원인 규명을 철저히 해야 한다. 이것을 소홀히 하면 회사에 큰 피해가 발생할 수 있다는 사실을 늘 염두에 두어야 한다.

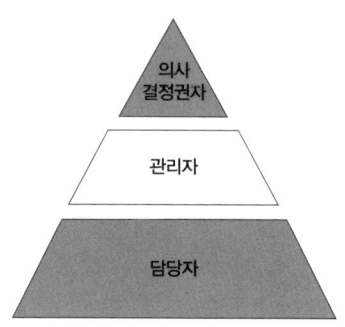

공장 생산라인에서는 늘 불량이 발생한다. 이러한 불량을 수율경쟁(일종의 생산량 경쟁) 때문에 눈감고 넘어가거나 덮어버리면 나중에 꼭 문제가 터진다. 누군가의 잘못으로 발생한 불량의 경우 범인을 잡아내기보다 우선 발생 원인부터 찾은 후 책임소재를 가리는 방법이 좋다. 범인부터 찾는다면 잘못을 서로 감추기 위해 아무 말도 하지 않는 역효과가 날 수 있다.

불량은 결코 숨기고 넘어 갈 문제가 아니다. 담당자는 관리자에게 반드시 보고하고 관리자는 필요한 조치를 취해야 한다.

04 맡은 업무의 클레임 통계를 분석

누가 해결방법을 찾아 대응 매뉴얼을 작성하는 것이 좋을까? 해결방법은 고객 담당자 스스로 찾아내는 방법이 가장 좋다. 고객과 직접 상대하는 사람이 문제점을 가장 잘 파악하고 있으며 해결책도 찾을 수 있다. 모든 문제의 해결책은 '현장'에 있기 때문이다. 각자 맡은 영역의 일에서 발생할 수 있는 클레임을 예측하여 해결방법을 찾는다.

1단계 | 클레임 수집 및 기록

각자 담당하고 있는 일에서 발생할 수 있는 클레임을 기록한다. 엑셀 프로그램 등을 활용하여 작성하면 나중에 통계를 낼 때 편리하다.

2단계 | 클레임 유형 분류

무작위로 작성한 클레임을 비슷한 종류끼리 묶어서 분류한다. 종류별로 색깔을 다르게 표시해 두면 클레임 분포를 쉽게 확인할 수 있다.

Case 8 기업의 블랙 컨슈머 대응전략

3단계 | 클레임 중요도 설정

 클레임 횟수, 자주 발생하는 클레임의 내용과 자주 발생하지 않지만 발생하면 피해가 큰 클레임에 대한 중요도 표시를 숫자로 한다.

4단계 | 검토 및 우선순위 설정

 전체적으로 검토한 후 빠뜨린 부분이 있는지 확인한다. 최종 분석을 하여 중요도에 따라 우선순위를 정한다.

5단계 | 해결방법 모색

 자주 발생하는 클레임은 제품이나 서비스에 문제가 있다는 의미이므로 왜 발생하는지 파악하여 해결방법을 찾는다. 자주 발생하지는 않지만 한 번의 발생으로 피해가 큰 경우는 항상 염두에 두고 예방하여야 한다.

◆ ◆ ◆

 클레임이 어디에 집중되는지를 알면 문제 해결의 순서가 정해진다. 자주 발생하는 클레임과 자주 발생하지 않지만 중요한 클레임을 먼저 해결하는 방식으로 진행한다. 고객의 반복되는 불만을 분석해 보면 제품의 품질을 향상시키거나 새로운 서비스를 제공할 수 있는 기회를 잡을 수 있다. 제품 결함을 사전에 찾아 낼 수도 있다. 그러므로 불만 사항들을 그냥 흘려보내지 말고 리스트로 작성해 두고 월별로 통계를 내면 의미 있는 통계가 도출될 수 있다.

클레임이 들어온 경로를 파악하는 것도 중요하다. 인터넷 게시판, 이메일, 전화, 직접방문 등 불만이 접수되는 경로는 여러 가지가 있을 수 있다. 고객층에 따라 주된 경로를 정하고 각 특성별로 대응 방안도 마련한다. 인터넷 게시판이나 이메일을 사용하는 고객층과 전화나 직접 방문으로 불만사항을 해결하려는 고객층은 각각 그 성향이 다르다.

05 참치 캔에서 왜 칼날이 나왔지?

2008년 참치 캔에서 칼날이 발견되는 사건이 발생했다. 식품의약품안전청은 참치 캔 제조과정에서 문제의 칼날이 들어갔을 가능성이 높다고 밝혔다. 하지만 참치 캔 회사에서는 참치 캔을 만드는 공정상 칼날이 절대로 들어갈 수 없다며 억울함을 호소했다. 또한 생산 공장에 1차 금속탐지기와 2차 X레이 투시기 등 금속 이물질을 걸러내는 엑스선 검색기가 있기 때문에 있을 수 없는 일이라고 주장했다.

조사결과, 해당 제품이 만들어진 2007년 7월 4일, 생산라인의 컨베이어벨트가 끊어져 이를 수리하는 과정에서 직원이 커터 칼을 사용한 것이 확인됐다. 결국 이 업체는 해당 날짜에 생산된 17만여 개의 캔을 전량 수거하였으며 1주일간 영업정지 조치를 받았다.

과거에도 이 업체에 '칼날' 민원(2006년 11월)이 있었지만 소비자의 항의는 묵살된 적이 있었다고 한다. 하인리히 법칙을 응용하여 사고발생을 사전에 차단할 수 있었는데 부주의하게 지나쳐버린 셈이다. 문제를 숨기기에만 급급해 시스템 개선

등 사후조치를 취하지 않아 같은 문제가 또 발생한 것이다.

아무 생각 없이 일하는 사람

나는 캔 식품을 만드는 회사의 공무과 기계정비팀에 근무하는 정비기사다. 생산라인에서 벨트가 끊어졌다고 연락이 왔다. 모터와 컨베이어를 연결해 주는 벨트는 툭하면 끊어진다. 공구함을 들고 작업장에 들어갔다. 식품공장이라서 먼지가 안 나는 클린 작업복으로 갈아입고 모자도 쓰고 에어 샤워도 하고 입장했다. 생산라인에 들어가니 저쪽에서 최 반장이 빨리 오라고 손짓한다. 생산이 멈춰 일을 못하면 작업량을 맞추지 못하기 때문에 늘 안달이다. 벨트는 끊어진 부분을 매끄럽게 자른 후 얇은 고무를 덧대고 강력접착제를 발라주면 된다. 벨트를 자르는데 칼이 무뎌서 잘 안 잘라진다. 커터 칼을 툭하고 한 눈금 잘라냈다. 칼이 잘 든다. 잘라낸 칼 조각이 어디로 튀었는데 떨어지는 소리도 나지 않아 찾을 수가 없다. 지난번에도 못 찾았는데 '괜찮겠지' 싶어 그냥 나왔다. 별 문제 있겠어?

※ 공무과
주로 기계, 전기 장치의 부품관리 및 장비 수리를 담당하는 부서.

작업장에서 있었을 법한 상황을 재구성해보았다. 캔에서 나온 녹슨 칼날 조각을 보면 긴 칼날에서 잘라낸 무뎌진 조각이다. 커터칼은 작업자들이 무뎌진 칼날을 한 마디씩 잘라내 쓸 수 있기 때문에 칼날 조각은 늘 생기기 마련이다. 이런 커터 칼을 써본 적이 있는 사람이라면 칼날을 잘랐을 때 튕겨나가 찾지 못했던 경험이 있을 것이다. 늘 발생하는 일이지만 찾지 못하면 피해가 발생할 수 있는데 담당자의 부주의가 사고로 이어진 것으로 판단된다. 그런데 음식물인 참치 캔을 제조하는 공장 안에서 왜 아무런 조치도 없이 칼날을 마구 잘랐을까? 그 작업자는 아마 이전에도 분명히 커터 칼을 공장 작업장 내에서 여러 번 잘라냈을 것이다. 처음 커터칼을 잘라서 사용했을 때 관리자와 작업자가 충분히 위험을 인식하고 예방책을 마련했어야 했다.

참치 캔 사건의 신고자는 고액의 보상금을 노린 것도 아니고 일부러 회사의 명예를 실추시키려고 한 행위도 아니다. 하지만 참치 캔 사건은 사회적인 이슈가 되어 해당 기업의 이미지는 실추됐고 참치 캔을 무려 2억 4천만 원어치나 리콜했다.

반드시 작업매뉴얼을 작성하고 실행하라

작업공간에 들어가기 전에 칼날이 작업에 적합한 상태인지 확인하고 들어갔다면 문제의 소지를 원천적으로 없앨 수 있었다. 아무 준비 없이 그냥 들어가서 그제야 무뎌진 칼날을 발견하고 아무 생각 없이 잘라내버리니까 문제가 된 것이다. 군대에서 사격 시 사전에 총 상태를 반드시 확인하는 절차가 있다. 안전수칙에 따라 허공을 향해 격발하여 혹시 발생할지 모를 총기사고에 사전에 대비하는 것이다. 총기류 사용에서 사고가 발생하면 곧바로 인명사고로 이어지기 때문이다. 사업장에서도 이처럼 작업 단계별 매뉴얼을 제정하고 빠짐없이 준수한다면 사고를 미연에 방지할 수 있다.

작업에 필요한 공구가 작업에 적합하게 준비되었는지도 매뉴얼에서 반드시 체크해야 할 사항이다. 칼날이 무뎌져 있었다면 작업장에 들어서기 전에 교체해야 하고, 작업 중간에 칼날을 잘라야 할 필요가 있을 때에는 정해진 장소에서 교체하거나 잘라진 칼날이 튕겨나가지 않게 조치를 하고 실행해야 한다. 작업장 안에서 튕겨져 나간 칼날을 찾는 것보다 작업장 안에서 칼날 조각이 아예 발생하지 않게 조치하는 것이 중요하다.

06 주유소의 혼유사고
해결방법

　주유소에서 경유차에 휘발유를 넣는 혼동 주유로 인한 '혼유사고' 피해가 잇따르자 대책마련의 목소리가 높아졌다. 일부 보험사들은 혼유사고에 대해 배상책임보험의 보장범위를 벗어난다고 하며 거절해왔다. 차량사고가 났을 때를 대비해 자동차보험에 가입하는 것인데 혼유사고에 대해서는 보장범위가 아니라며 피해보상을 거부하는 보험사의 태도가 문제되었다. 피해보상에 대한 논란이 거세지자 금융감독원에서는 분쟁을 유발할 소지가 있거나 불합리한 보험약관에 대해 개선안을 마련하여 시행하기로 하였다. 주유소에서 발생하는 혼유사고에 대해서도 배상책임보험을 통해 보상받을 수 있도록 개선되었다.

　이렇게 법으로 해결될 때까지 기다려야 하는 것일까? 분쟁의 최종 수단이 법적 해결인데 무작정 소송을 할 수는 없는 일이다. 관계당국에 민원을 제기하여 개선이 될 때까지 기다리는 것도 좋은 해결방법은 아니다.

　근본적인 문제해결방법은 의외로 아주 간단하다. 차량이 휘발유인지 경유인지 안내태그를 차량 주유구에 부착하면 혼동 주유로 인한 소비자의 피해와 주유소의 피해를 100%에 가깝게 없앨 수 있다. 경유라고 쓰여진 태그를 보고 일부러 휘발유를 넣지 않고서는 혼동 주유를 할 수 없을 것이다. 그렇다면 이런 태그는 누가 붙여야 할까? 차에 붙이는 것이니 차량 소유자가 부착하면 될 것이다. 운전자가 자발적으로 차에 태그를 붙이는 방법보다 더 좋은 방법이 있을까?

태그 부착 이벤트

한 가지 아이디어는 자동차회사에서 출고 시 주유혼동을 막기 위한 안내 태그를 붙여주는 것이다. 국내 차량의 경우 대개 경유차 주유구에 '경유'라고 쓰여 있다. 문제는 외국산 차량인데 이들 차량에는 표시되지 않은 경우가 있다. 이 경우 차량 판매 대리점에서 태그를 붙여주는 방법이 적당하다. 다른 방법도 있다. 정유회사에서 태그를 제작해 주유소를 통해 부착해주는 캠페인을 하는 것이다. (예: 기름이 좋은 A오일, 주유소에 오시면 주유혼동 방지 태그를 무료로 부착해드립니다) 이런 캠페인을 하는 주유소가 있다면 주유태그를 무료로 받기 위해 그 주유소로 차를 몰고 갈 것이다.

주유할 때 기름이 몇 방울 떨어지는 것을 막기 위해서는 주유구에 천을 대고 주유하거나 깔대기 모양의 주유기 가이드를 사용하는 방법이 있다. 주유기 가이드를 사용하면 기름이 덜 떨어지지만 제작비용도 있고 주유를 마친 후 기름방울이 떨어질 수 있으므로 원천적 해결방법은 아닐 수 있다. 그러므로 이 경우는 천을 대고 주유하는 방법이 적절하다. 차량에 기름 몇 방울 떨어졌다고 세차비를 요구하는 고객은 불량고객이다. 천으로 깨끗하게 닦아주는 것으로 해결할 수 있다. 그래도 고객이 세차비를 요구한다면 블랙 컨슈머이다. 그 요구를 들어주면 안 된다. 계속해서 부당 요구를 할 것이기 때문이다.

남들이 해결해줄 때까지 기다리면 늦는다. 고객은 기업을 기다려주지 않기 때문이다. 수익증대를 위한 마케팅 방법이 아쉬운 때이므로 문제를 회피하지 말고 역발상으로 마케팅에 활용하는 것이 좋다.

07 S-그래프의 비밀

어느 정도의 노력이 필요한가?

　기업의 노력 정도와 고객의 만족도 내지는 제품의 완성도 사이의 개략적인 상관관계를 그래프로 나타내었다. 가로축을 노력의 정도 즉 에너지 투입량이고 세로축이 고객 만족도, 제품이나 서비스의 품질을 나타낸다. 만족도는 이론상 100%를 가정할 수 있으나 현실에서 100%만족은 불가능한 상태이므로 99.9%를 최고치로 보았다.

　일반적인 소비자의 입장에서 만족도가 99점이면 명품이라고 볼 수 있다. 97점 이상이면 베스트 상품, 96점 이상이면 좋은 제품, 95점 이상이면 보통제품, 95점 이하이면 품질이 떨어져서 가격이 저렴하다면 구매할 의사가 있는 제품이라고 가정한다. 사실 95점이면 상당히 높은 점수라서 기업에서는 볼멘소리가 나올 수 있지만 그만큼 소비자의 기대수준이 높아졌다는 것을 의미한다. 세로축의 품질 또는 소비자 만족도를 보면 국내제품은 96점 이상의 높은 만족도를 나타내고 소비자들

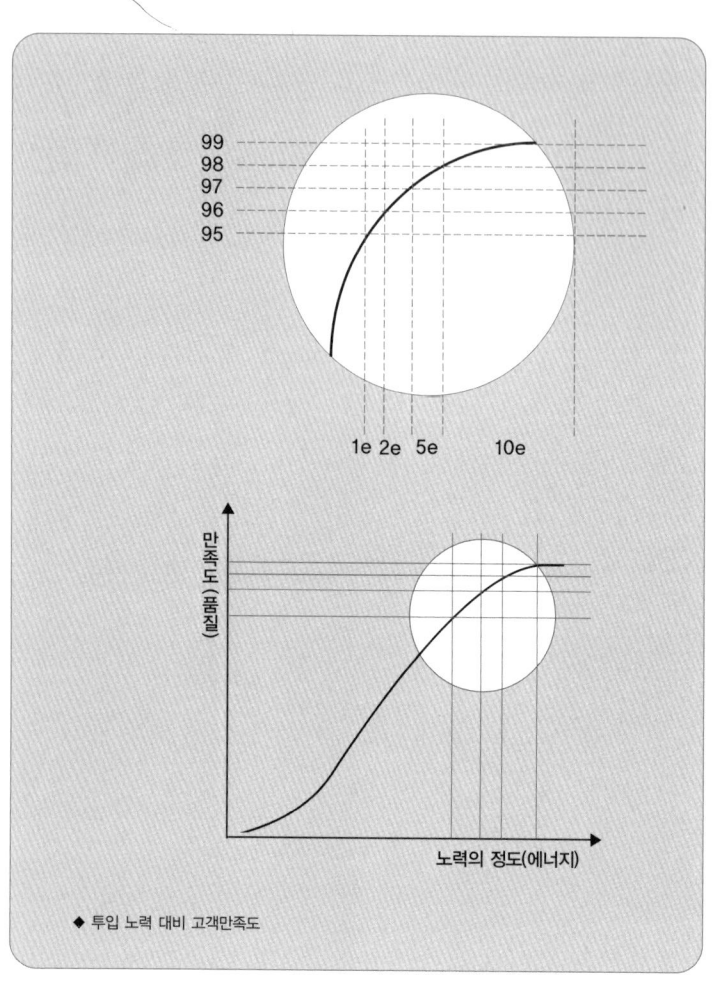

◆ 투입 노력 대비 고객만족도

이 믿고 살 수 있는 제품이 늘어났다.

　가로축의 노력 정도인 에너지 투입량을 보면 품질을 높이거나 고객 만족도를 높인다는 것이 얼마나 힘든 일인지 알 수 있다. 95점에서 96점까지 올리는 데 필요한 노력을 1e라고 가정하면 96~97 구간은 2e, 97~98 구간은 5e, 98~99 구간은 10e의 에너지 투입이 필요하다.

95점 이상에서는 고객만족 1점을 올리기 위해서는 쏟아야 할 노력이 기하급수적으로 늘어난다. 부단한 노력이 있지 않고서는 고객이 쉽게 만족하지 않는다. 명품의 유행으로 소비자의 기대치가 높아져 기업이 생산하는 제품의 품질을 소비자의 기대치만큼 올리는 데에는 몇 곱절의 노력이 필요하게 되었다.

08
대응 매뉴얼
작성 방법

다음 단계에 할 일은 문제가 발생할 가능성이 있는 부분들을 찾는 것이다. 하인리히 법칙은 중대한 사고가 발생하였다면 사고 전에 사소한 조짐들이 있었다는 사실을 알려준다. 평소 업무와 관련된 사소한 문제점들을 분석하면 중대한 사고를 막을 수 있다.

누가 찾을 것인가

누가 대신 찾아내줄 것이라는 기대를 버리는 것이 좋다. 아무도 '당신'의 일을 대신해주지 않는다. 누군가 해결해줄 것으로 믿고 있거나 업무지시가 내려올 때까지 기다리는 수동적인 태도로는 문제점을 파악할 수 없다. 고객과 만나는 접점을 이루는 고객 서비스 담당자가 문제를 가장 잘 알고 있다. 관리자와 고객 담당자가 함께 문제점을 찾는 것이 바람직하다.

혁신을 위한 분위기 조성

고객의 문제 행동을 해결하기 위한 분위기 조성은 경영진에서 결단을 내려야 한다. 즉 일부러 회사의 위협요인을 만들어 긴장상태에 놓이게 하는 것이다. 평화로운(?) 회사에 새로운 업무는 귀찮은 일이다. 맡은 일만 열심히 하는 분위기라면 배가 침몰하고 있는 사실을 못 느끼는 사람들이 많아진다. 경영자 모임에서 어느 사장이 이런 얘기를 했다. "가만히 있어도 저절로 돈 벌리는 방법 좀 알려주세요." 가만히 있어도 서서히 망할 수 있는 방법은 있지만 저절로 돈 버는 방법은 없다. 제품과 고객 서비스가 향상되지 않는다면 회사가 힘들어질 것이라는 이야기이다. 지금은 먹고 살 만하지만 1~2년 뒤를 준비하지 않으면 안 된다는 분위기 조성이 중요하다. 경영자의 의지가 회사를 견인하는 중요한 요소임은 누구도 부정하지 않는다.

브레인스토밍 활용

브레인스토밍 방법은 아이디어를 도출할 때 자주 사용하는 방법이다. 간단한 방법이지만 조금이라도 비판을 가하면 분위기가 경직되어 참여자가 의견을 내지 않게 되므로 주의가 필요하다. 특히 관리자가 진행을 할 때에는 누군가의 의견에 대한 평가를 바로 하지 않는 것이 좋다. 관리자의 부정적 코멘트를 경험하고 나면 저마다 좋은 평가를 받기 위한 발표가 되게 하려고 신경 쓸 수 있음을 유의해야 한다. 관리자와 고객 담당자들이 모여 고객들에게 발생할 수 있는 문제점, 고객들의 문제행동과 그러한 문제 행동을 유발하는 원인들을 쏟아내는 시간을 갖는다. 이런 회의는 문제점이 확연히 발견될 때까지 1~2회 더 진행하는 것이 좋다.

고객의 불만사항 분류와 체크리스트 작성

모든 회의는 결과가 있어야 한다. 결과 없는 회의는 시간낭비이다. 처음에는 담당자들의 고민을 토로하는 자리가 될 수 있다. 조직의 체계가 덜 잡혀 있거나 커뮤니케이션이 원활하지 않은 조직에서 주로 볼 수 있는 현상이다. 그러나 오래지 않아 참여자 스스로 문제가 무엇인지 파악하게 된다. 이럴 때 관리자가 방향을 잘 이끌어주는 역할을 수행해야 담당자 스스로 고객과의 관계에서 무엇이 문제가 되는지 고객들이 어떤 행동을 보였는지 파악할 수 있게 된다. 고객의 불만사항을 기록하여 정리한 후 종류별로 분류한다. 회의의 결과는 체크리스트로 작성한다.

체 크 리 스 트

작성일자 :　년　월　일
담당부서 :

No.	문제행동	원인파악	대응방법
1	환불기간을 물어온다	설명서에 기재가 안 되어있다	안내문에 기재해 준다
2	버튼 고장으로 A/S 요청 증가	사용상 부주의, 부품이 약함	사용방법 안내, 부품의 품질 향상
3	음식에서 머리핀이 신고 됨	매월 발생하는 클레임이다	
-			
-	환불 문의 증가	구입시 환불 문의는 마음에 안드는 부분이 있다는 뜻으로 해석	마음에 안드는 부분이 있는지 구체적으로 물어본다
-			

◆ 문제행동 분석 체크리스트 예시

　　체크리스트는 주기적으로 갱신해야 한다. 계절적 요인이 강한 업계이거나 특정시기에 영향을 받는 기업일수록 체크리스트의 갱신이 중요하다. 때로는 인사이동이나 부품업체의 변경 등도 고객 불만 발생에 영향을 미칠 수 있다. 미국의 도요타 리콜 사태를 생각해본다면 제품 생산에 관계된 거의 모든 요소가 품질과 시장 반응에 영향을 준다는 것을 알 수 있다.

Case 8 기업의 블랙 컨슈머 대응 전략

대응 매뉴얼 작성

일부 고객들의 문제적 행동에 대해 정형화된 상담 매뉴얼이 필요하다. 까다로운 고객들에 대한 경험이 많고 노련한 직원이 응대하는 것도 한 방법이지만 그런 경력자에게만 맡기는 것은 기업으로서 바람직하지 않다. 일정 정도의 교육과 매뉴얼을 통해 훈련된 담당자라면 까다로운 고객이나 블랙 컨슈머로 의심되는 고객을 응대할 수 있어야 한다.

체크리스트로 정리된 문제점들에 대해 일일이 어떻게 대응할지 대응 매뉴얼을 작성한다. 대응 방법을 정할 때에는 모든 경우를 검토해서 결정하되 만약의 경우를 대비하여 최소한도의 행동지침을 마련해야 한다. 더 이상 양보할 수 없는 한계선을 미리 생각해두면 행동지침을 마련하는 데 도움이 된다.

가식적 말투와 과도하게 친절한 말투는 거부감을 일으킨다. IT기업에서 고객서비스를 담당하는 김 모 부장은 과도하게 친절하게 말하는 방식에 오히려 거부감을 일으키는 고객이 많다고 지적한다. 진심 어린 태도로 고객을 대해야 하는데, 이것이 쉬운 일은 아니므로 차라리 함께 해결해 나간다는 느낌을 주는 방식으로 신뢰를 주는 것도 좋은 방법이라고 한다. 클레임을 건 고객도 담당자가 자신의 문제점을 잘 해결해줄 수 있는 사람인지 끊임없이 판단하며 대화에 임하기 때문이다.

주기적인 피드백

업무회의, 주간회의 시간을 이용해 항상 피드백을 하여 새로운 문제가 없는지, 변화된 사항이 있는지 체크할 필요가 있다.

우호적 고객층 형성

기업 내부적으로 모든 준비를 갖추어도 블랙 컨슈머는 발생한다. '작정하고 달려드는 놈은 막을 수 없다'는 말도 있지만 작정하고 막아내면 문제를 보다 빠르게 해결할 수 있다. 각 기업에는 제품을 사랑해주는 고객층이 있다. 인터넷 시대가 되면서 동네방네 떠도는 소문들이 인터넷 게시판으로 모이게 되어 입소문이 형성된다. 좋은 의견을 제시하거나 진정으로 관심을 보이는 충성도 높은 고객층을 유지하면 악의적 댓글이나 악성 게시글에 대한 효과 좋은 대책이 된다. 말도 안 되는 악평에 대해 기업이 해명하기도 전에 '그럴 리 없다'는 응원의 글이 달리기 때문이다. 주의할 점은 어설프고 인위적인 입소문 조작은 부작용만 쌓인다는 점이다.

◆ ◆ ◆

생활환경 위생기업으로 확실히 자리 잡은 세스코. 초기에는 별난 사업으로 보였지만 점차 위생에 대한 사회적 관심이 높아지면서 주목을 받기 시작했다. 생활 속에 있는 해충들을 박멸하는 과학적 기술과 노하우로 인해 단순한 청소업체가 아닌 생활환경 첨단업체로 소비자들에게 인식되고 있다. 세스코에서 운영하는 웹사이트의 이용후기를 보면 감동적이다. "고마워요 세스코." 이런 말을 듣는 기업이 과연 얼마나 될까?

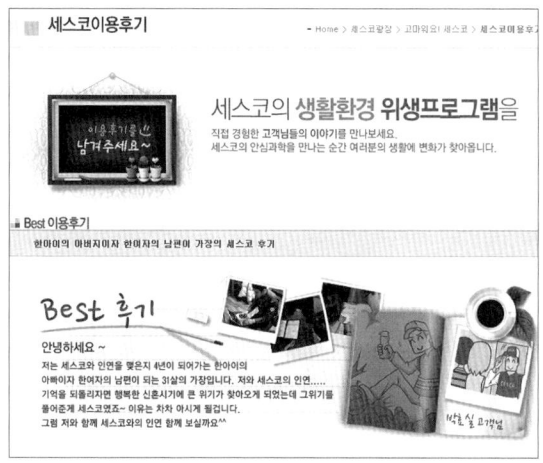

(출처 : 세스코 웹사이트)

사후 관리 및 클레임 처리 대책

고객 상담실이나 고객 전담팀 운영으로 고객의 불만이 확대 재생산되지 않도록 신속하게 상담을 수행할 수 있는 서비스체계를 구축한다. 고객의 클레임이 있을 때 초기에 적절히 대응해야 원활하게 문제가 해결되고 고객의 불만이 해소될 수 있다. 먼저 고객의 불만 내용과 요구사항을 정확히 파악해야 한다. 간혹 고객 담당자들이 고객의 불만 사항에 선입견을 갖고 듣는 경우 고객의 의도를 잘못 이해하는 경우도 발생한다. 이렇게 되면 고객의 불만은 더 커지게 된다. 보상을 원하는 고객에게 무작정 요구를 들어주는 것도 바람직하지 않으므로 적절한 정도를 사전에 준비해두어야 한다.

신속한 사고 조사

사고 발생 신고 시 클레임의 대상이 된 제품의 조사에는 신속하게 임한다. 피해자의 동의를 구한 후 해당 제품을 확보해둔다. 필요한 조사를 마친 후 폐기할 것이 아니라 보관하여 사고의 원인에 대한 증거자료가 되도록 한다. 특히 '지렁이 빵' 사건이나 '휴대폰 폭발' 사건처럼 발생 확률이 극히 낮은 클레임 신고가 들어올 경우 보다 신속한 조치가 필요하다. 사고로 인한 클레임 사고 현장이 훼손되기 전에 조사를 하고 주변 인물들의 목격담도 들어볼 필요가 있다.

피해자로 주장하는 사람의 말을 경청하고 자극하지 말아야 한다. 신고자가 합리적으로 이해하는 사람인지 아닌지 파악도 중요하다. 합리적인 사람이라면 해결이 비교적 수월하지만 그렇지 않다면 블랙 컨슈머 같은 행동을 보일 수 있으므로 각별한 주의가 필요하다. 허위 사실을 기초로 신고하거나 제3의 단체를 내세워 신고하는 경우 신고내용이 타당한지 파악해야 한다. 허위라고 판단되는 경우 불합리한 요구사항을 거부하는 원칙적 대응도 재발을 막는 방법이 될 수 있다.

사건 발생 초기 자료 확보가 중요하다

서울에 거주하는 이 모 씨(48세)는 2008년 10월 29일, 배달된 건강식품 혼합즙을 먹고 위장경련과 통증으로 병원치료를 받았다. 이 씨는 평소 마시던 맛과 향이 달라 즙을 남겼는데 마신 후 구역질이 시작돼 제조업체에 이 사실을 알렸다고 했다. 제조업체는 같은 날 오후 제품을 수거했고, 확인 결과 냄새는 플라스틱 뚜껑에서 나는 것이고 제품 자체에는 문제가 없다고 이 씨에게 알렸다. 그러나 이 씨는 계속되는 위장 경련과 통증이 있었고 오른쪽 턱에 멍울이 생기고 안면 마비가 일어났다. 이 씨는 혼합즙에서 락스 냄새가 났고 즙을 마신 이후에 모든 증상이 발생하였으므로 1억 원을 배상해야 한다고 주장했다.

제조업체가 소비자원에 제출한 품질관리 서류에 따르면 사건 당일 생산된 혼합즙은 세균검사에서 적합한 것으로 기재되어 있었다. 이날 배달된 즙을 마시고 복통을 일으켰다고 신고한 사람은 이 씨뿐이었다. 제조업자는 사건 당일 수거한 혼합즙에 대하여 냄새를 맡아 검사한 결과 즙에는 이상이 발견되지 않았다. 제품 용기인 캡에서 미세한 냄새가 있었지만 한국분석기술연구원에서 식품 용기로 적합판정을 받은 것이었다.

한 편 이 씨가 제출한 진단서에 의하면 이 사건이 발생하기 전에 원인모를 복통으로 응급실에 간적이 있으며, 사건 발생 다음 날에 응급실에서 추정 급성 위염, 추정 급성 장염을 진단 받아 링거를 맞고 투약을 받았다. 그 이후에도 복통으로 5차례 통원치료와 투약을 반복하였고, 2009년 2월 7일에는 안면 마비증상으로 진료를 받았다. 그러나 즙을 마신 다음 날 행한 혈액검사에서 특별한 이상이 발견되지 않았고 복통의 원인이 위염과 장염으로 추정된다는 진단서가 있었지만 당일 제조한 즙 때문에 발생했다고 단정하기는 어려웠다.

그뿐 아니라 안면 마비 증상은 외부의 바이러스 침투에 따른 것으로 확인되었다. 이 씨 역시 이 사건 전에 원인 불명의 복통으로 응급실에 갔었고 보험금까지 지급받은 사실이 있는데도 이 사건 전에는 복통으로 크게 아픈 적이 없었다고 허위 진술을 하였다.

사건의 원인인 혼합즙은 제조업자가 이미 폐기해 성분 검사를 할 수 없었다. 이 씨가 성분 분석을 의뢰하였음에도 제조업체가 남은 즙을 폐기한 것이다. 이 씨의 질병이 건강식품 혼합즙에 의한 것이라고 보기 어렵다는 결론이 났지만, 제조업체가 남은 혼합즙을 잘 보관하여 성분 검사를 했더라면 미연에 분쟁을 막을 수 있었던 사건이었다.(정혜운, 한국소비자원 기고문 정리)

클레임처리 시스템 구축

누가 클레임을 담당할 것인지 명확히 정하고 권한을 설정한다. 긴급한 상황에 대처할 수 있는 권한이 있어야 신속한 판단이 가능하기 때문이다. 클레임 신고 상황을 기록하고 해당 부서에 전달할 수 있도록 절차를 미리 정해두어야 한다. 사전에 소비자 분쟁조정기관의 해결방법을 숙지하여 클레임 처리 매뉴얼을 완성해둔다. 클레임 처리 결과를 문서로 남기면 담당자가 바뀌더라도 업무연속성을 확보할 수 있다.

09 원칙적 대응이 어렵다

블랙 컨슈머에 대한 대응방법은 '원칙적 대응'이다. 〈소비자분쟁해결기준〉을 지키려는 노력이 필요하다. 소비자들도 〈소비자분쟁해결기준〉을 지킨다는 인식의 확산이 필요하다. 임시방편으로 개별적으로 보상금을 지급하여 그때 그때마다 조용히 넘어가게 되면 결국 문제가 커지게 된다. 원칙적 대응은 상당히 어렵다. 하지만 극복해야 할 문제이다.

인천에 위치한 반도체 회사에 근무할 때 있었던 일이다. 어느 날 화장실에 도저히 사용할 수 없을 만큼 품질이 조악한 화장지가 놓여 있었다. 총무과장의 말은 며칠 전 어떤 건장하고 우락부락한 남자가 두루마리 휴지를 잔뜩 들고 와서는 열심히 살아보려는 사람인데 재생 두루마리 휴지를 사달라고 하며 팔뚝의 문신을 슥슥 문지르더라는 것이다. 그래서 사줬다는 총무과장 말에 "이런 걸 사면 어떡합니까? 사무용품 공급해주는 사람도 있는데 원칙적으로 대응해야죠"라고 대꾸했다가 면박

Case 8 기업의 블랙 컨슈머 대응전략

만 당했다. 총무과장은 이렇게 말했다. "우리 회사가 외진 데 있고 야간조 직원들이 밤늦게 퇴근하는데 해코지라도 하면 어쩌나 싶어서 몇 개 사고 돌려보냈으니 아무 말도 하지 말아."

◆ ◆ ◆

다음은 블랙 컨슈머에 관한 신문기사 중 일부분이다. 블랙 컨슈머에 대한 기업의 원칙적 대응이 얼마나 어려운지 정확히 지적하고 있다.

> 지난 1월 한 우유업체에 "우유에서 담배꽁초가 나왔다. 500만 원을 내놓지 않으면 언론에 알리겠다"는 민원이 접수됐다. 업체가 제조일자를 기준으로 직접 우유에 담배꽁초를 넣는 실험을 해본 결과 허위 민원임이 밝혀졌다. 그러나 이 업체는 블랙 컨슈머를 수사기관에 신고하지 않았다. 업체 관계자는 "블랙 컨슈머가 처벌을 받아도 기업으로서는 실익이 전혀 없다"고 했다.
>
> 석남준 기자, 조선일보 2011. 5. 7

기업이 원칙적인 대응을 하지 못하는 이유를 잘 짚어낸 뉴스이다. 우유에서 담배꽁초가 나왔다는 제보는 누가 들어도 허위이고 조작이다. 그런데 당하는 기업은 허위 신고 때문에 이미지가 실추되어 매출 하락으로 이어질까 봐 쉬쉬하게 된다. 억울하지만 울며 겨자먹기 식으로 블랙 컨슈머의 요구에 끌려가게 되는 것이다. 하지만 당장 실익이 없다고 해서 수사기관에 신고하지 않고 보상금으로 무마하다 보면 블랙 컨슈머 문제는 근본적으로 해결되지 않는다. '그 회사는 보상금 잘 준다'는 소문이 나는 것은 두렵지 않은가?

블랙 컨슈머에게 보상금을 지급하는 것은 다른 고객들에 대한 배신행위

어느 대기업의 고객만족실 실장은 "블랙 컨슈머에게 보상금을 지급하는 것은 다른 고객에 대한 배신행위"라고 힘주어 말했다. 다른 고객들에게 피해가 가기 때문이다. 그래서 원칙적 대응이 필요하다. 피해자가 해당 기업에 직접 접촉하여 보상금을 요구할 때 기업에서 아무 조사 없이 금전적 배상을 한다면 근본적인 문제해결은 되지 않는다. 악성 민원이 발생했을 때 감추기에만 급급한 나머지 보상금으로 해결하려는 기업의 태도와 이를 악용하려는 블랙 컨슈머들의 '검은 합의'는 결국

Case 8 기업의 블랙 컨슈머 대응전략

선량한 소비자들에게 피해를 입히게 된다. 이러한 '검은 합의'가 지속되는 한, 합의금을 노리고 식품에 이물질을 몰래 넣거나 제품을 일부러 망가뜨리고 고액의 보상금을 요구하는 블랙 컨슈머는 사라지지 않을 것이다.

Case 9

위기관리 커뮤니케이션이 필요하다

블랙 컨슈머의 돌출 행동은 해당 기업과 관련 업계에 악영향을 끼침으로써 더 큰 위기를 불러오는 요인이 될 수 있다. 기업이 블랙 컨슈머의 출현을 단순히 골치 아픈 일이나 해프닝으로 취급해서는 안 되는 이유다. 기업 활동에서 '골치 아픈 해프닝'은 언제든 발생할 수 있기 때문이다. 문제는 위기 상황을 어떻게 헤쳐 나가느냐이다. 블랙 컨슈머의 문제를 잘 해결하려면 기업의 위기관리 커뮤니케이션이 필요하다.

01
왜 타이레놀에 청산가리가 들어갔을까?

존슨앤존슨(Johnson & Johnson)의 타이레놀 사건(1982년)은 위기관리에 관한 훌륭한 사례로 종종 평가받는다. 타이레놀 사건에 대한 성공적인 위기관리 이래 존슨앤존슨은 미국에서 이미지가 가장 좋은 기업으로 꼽히고 있다. 기업이 어떤 희생을 치르더라도 소비자에게 책임을 다해야 한다는 모습을 보여준 것이 많은 소비자들에게 깊이 각인된 것이다.

존슨앤존슨의 전문사업부는 의료, 제약, 공산품, 소비자사업 등 네 분야로 나뉘어 있다. 이 중 의료사업부는 일회용 반창고부터 유아용품, 의약품, 의료기기 등을 생산하는데 사건이 발생한 1982년 당시 의료사업부의 매출액은 54억 달러, 타이레놀은 전체 매출액의 8%를 차지하고 있었다. 1955년에 아스피린의 부작용을 없앤 대체 상품으로 개발된 타이레놀은 1982년 진통제 시장의 35%를 점유할 만큼 가장 많이 팔린 제품이었다. 타이레놀은 경쟁이 치열한 진통제 시장에서 아스피린의 아성을 무너뜨리고 약진하여 높이 평가되고 있었다.

그런데 어느 날 타이레놀을 복용한 사람이 사망하는 사고가 보도되었다. 존슨앤존슨 본사의 PR담당자는 《시카고 선 타임즈》 기자로부터 긴급 취재 요청을 받았다. 시카고 주민 일곱 명이 급사하였는데 그 원인이 그들이 복용한 타이레놀로 추정된다며 설명을 요청해온 것이다. 하지만 부검 결과 사망원인은 타이레놀 성분이 아닌 청산가리였다. 청산가리는 혈액의 산소운반 능력을 저하시켜 15분 안에 죽음에 이르게 하는 치명적인 물질이다. 청산가리를 먹으면 손을 쓸 사이도 없이 사망하기 때문에 피해자들은 회생의 기회가 전혀 없었다. 피해자들의 주변에 대한 수사가 이어졌고 피해자들 집에서 청산가리가 든 타이레놀이 발견됐다. 누군가가 캡슐의 반쪽을 약간 잘라내 타이레놀 가루약을 빼내고 청산가리를 집어넣은 것이다. (당시 타이레놀은 지금의 정제 형태가 아닌 캡슐형으로 생산되고 있었다.) 사망자들은 모두 이 사실을 모른 채 타이레놀을 복용한 것이고 그렇다 보니 타이레놀이 사망 원인으로 지목된 것이다. 이 사실은 언론을 통해 급속히 전파되었다.

소비자들에게 타이레놀 경계령이 내려졌다. 신속한 조치를 취하지 않으면 더 많은 희생자가 나올 수도 있고 이로 인해 회사의 존립 자체가 흔들릴 수도 있는 심각한 사태였다. 조사 결과 타이레놀 제조과정에서는 청산가리가 투입될 가능성은 없는 것으로 밝혀졌다. 만약 생산 공장에서 청산가리가 투입되었다면 전국에서 희생자가 나왔을 텐데 시카고 지역에서만 사건이 발생했기 때문이다.

미국 FDA는 사고가 발생한 시카고 지역에서 판매 중인 타이레놀에 대해 리콜을 권고했다. 그러나 존슨앤존슨은 리콜 권고를 받은 시카고 지역뿐만 아니라 미국 전역에서 캡슐형 타이레놀에 대한 리콜을 단행했다. 그리고 문제가 해결될 때까지 타이레놀을 복용하지 말 것을 당부하는 대국민 발표가 이어졌다. 타이레놀 캡슐에 청산가리를 넣은 범인에 대해 10만 달러의 현상금이 걸렸다. FBI까지 수사에 나섰으나 독극물을 투입한 범인은 끝내 밝혀지지 않았다.

존슨앤존슨의 위기 대응 방법

타이레놀 사건이 발생하자 존슨앤존슨은 위기관리 경영체제로 돌입, 신속한 회복을 위한 대책 마련에 들어갔다. PR팀의 인원을 늘리고 가능한 한 정확한 정보를 언론에 제공하려고 노력했다. 진행 중이던 타이레놀 광고는 모두 중단시켰다. 전화선을 늘려 폭주하는 문의 전화에 빠짐없이 응대했으며 병원, 약국, 도매상에 50만 통의 편지를 보냈다. 전국적인 리콜에 들어가는 비용만 수십만 달러에 달하고 연이은 소송도 예상되었다. 이러한 존슨앤존슨의 대응은 소비자들에게 '진정으로 소비자를 보호할 수 있는 모든 조치를 취하고 있다'는 인상으로 각인되었다.

일단 사건이 진정 국면에 들어서자 이제는 추락한 기업이미지를 어떻게 회복할 것인지, 복구에는 얼마나 시간이 필요할지가 관건이었다. 무엇보다 타이레놀이라는 브랜드자체에 대한 폐기 논의가 제기되었다. 새로운 브랜드로 새 출발을 해야 한다는 주장이었다.

폐기 여부 결정에 앞서 존슨앤존슨은 사건에 관한 여론조사를 실시했다. 타이레놀 브랜드와 회사에 대해서는 부정적인 여론이 강했다. 다만 청산가리를 투입한 범인은 따로 있으니 존슨앤존슨이 비난받을 이유는 없다는 공감대가 형성되어 있었다. 사건 발생 한 달 후 실시한 여론조사에서도 타이레놀 제조업체가 사망 사건에 책임이 없다는 것은 알지만 다시 타이레놀을 구입할 의사는 없다는 소비자의 반응이 지배적이었다. 존슨앤존슨은 타이레놀 브랜드를 폐기해야 하는 절망적 상황이었다. 그동안 타이레놀 브랜드를 만들기 위해 쏟아부은 비용과 시간, 노력이 모두 물거품이 되었기 때문이다. 한순간 무너진 소비자 신뢰를 회복할 방법이 없었다. 대중들의 뇌리에서 사건이 잊혀질 때까지 기다린다면 그사이 경쟁업체들이 시장을 장악할 것이 틀림없었다.

다시 시장에 타이레놀을 내놓기 위한 작업이 조심스럽게 진행되었다. 우선 매장에 제품을 진열하고 소비자의 반응을 살폈다. 여론조사 결과는 소비자의 생각을 반영하지만 실제 행동은 다를 수 있기 때문이다. 먼저 꾸준히 타이레놀을 복용하던 소비자들의 신뢰를 회복하기 위해 TV광고를 내보냈다. 기존에 구입한 캡슐 형태의 타이레놀을 정제 형태로 교환해준다는 공지문을 모든 병원에 보냈다. 그리고 캡슐 형태의 타이레놀이 아직 남아 있다면 이물질 투입이 거의 불가능한 정제 형태의 타이레놀로 바꿔 복용할 것을 권했다. 또한 사건 발생 후 가정 등에 보유하고 있던 타이레놀을 버린 사람들을 위해 누구나 정제형 타이레놀 한 병을 무료로 받을 수 있는 쿠폰을 발행하였다. 캡슐형 타이레놀을 가져오면 정제형 타이레놀로 교환해주는 서비스도 병행했다. 향후 발생할 수 있는 독극물 투입 사태를 사전에 막기 위해 포장 방식도 새로이 바꾸었다. 튼튼하게 밀봉하여 누군가 손을 대면 확실히 표시가 나게 했고 병 위에는 '조금이라도 포장이 파손된 경우 절대 먹지 말라'는 경고문을 기재했다.

위기 극복의 비결

'진정으로 소비자를 보호할 수 있는 모든 조치를 취한다'는 원칙 하에 적극적으로 위기에 대응한 존슨앤존슨은 사건 발생 8개월 만에 다시 예전 수준으로 매출을 회복했다. 단순한 이물질 사건이 아닌 사망 사고였지만 존슨앤존슨은 책임감 있는 태도로 소비자들로부터 신뢰를 회복했다.

'우리의 신조(Credo)'를 제창하여 소비자 권리를 앞세운 존슨앤존슨의 경영철학이 위기를 극복하게 된 열쇠였다. 고객의 안전을 최우선으로 하는 신조는 기업 활동을 지탱하는 기준이 되었다. 이 신조의 실천 방법으로는 'Red Face Test'가 있다. 이것은 회사에서 자신이 내린 결정과 행동에 대해 가족들에게 얼굴을 붉히지 않고 설명할 수 있는지를 판단의 기준으로 삼는 방법이다.

존슨앤존슨은 특히 언론과 협조관계를 훌륭히 유지했던 것으로 평가된다. 사건 초기에 사고를 은폐하기 급급해 보도 자료를 내지 않거나 기자의 인터뷰 요청에 부실하게 응했다면 추측성 기사가 보도되었을 것이다. 추측성 기사는 결코 기업에 유리할 수 없다. 존슨앤존슨은 신속히 보도 자료를 제공하고 언론의 요구를 수용하는 적극적인 자세를 보였다. 상황을 숨기는 데 급급하지 않고 언론에서 필요로 하는 정보를 공개한 것이 언론과의 관계 유지에 도움을 주었다. 결과적으로 위기상황에서도 우호적인 여론이 형성되어 위기를 극복할 수 있었다.

초기 대응의 중요성

하버드 비즈니스 리뷰(HBR)는 존슨앤존슨 짐 버크 회장의 사과를 완벽한 사과라고 평가했다. 누군가 타이레놀에 독극물을 주입하여 사망자가 발생하자 짐 버크 회장은 타이레놀을 전량 회수했다. 미국 FDA는 사고발생지역인 시카고에 유통된 제품에 대해 회수 권고를 하였으나 짐 버크회장은 미국 전역에 공급된 타이레놀의 회수를 결정했다. 비용만 1억 달러에 달했다. 하지만 이 같은 과감한 사과로 위기를 극복할 수 있었다.

성공적인 사과의 요건

❶ 실수나 잘못을 그대로 인정하라

❷ 책임지겠다는 점을 밝혀라

❸ 같은 문제가 반복되지 않을 것이라는 확신을 심어라

❹ 유감을 표명해라

❺ 사과할 타이밍을 잘 선정해라

(출처: 하버드 비지니스 리뷰)

02 멜라민? 멜라닌?
전문가도 헷갈린다

중국산 유제품에서 멜라민이 검출된 사건이 있었다. 멜라민은 통상적으로 접하는 수준에서는 인체에 유해하지 않지만 과다 섭취 시 신장결석을 유발할 수 있어 유해하다. 2008년 중국산 분유에서 멜라민이 검출되었다는 사실이 알려지면서 중국산 유제품을 원료로 사용하는 전 세계 식품업계가 충격에 휩싸였다. 멜라민을 분유에 첨가할 경우 단백질 함량을 실제보다 부풀릴 수 있어서 원가 절감을 위해 사용하는 업체들이 있었던 것이다. 멜라민을 과다 섭취하면 급성신부전증이나 신장암에 걸릴 수 있다. 중국에서는 멜라민으로 인한 신장결석, 신부전증 환자가 30만 명이나 발생하였고 유아 6명이 사망하는 사고가 일어나 큰 충격을 주었다. 중국산 식품에 대한 신뢰도가 추락하여 최소 11개국 이상이 중국산 유제품에 대한 수입금지 조치를 취할 정도가 되었다.

멜라민 사건은 국내에도 큰 영향을 미쳤다. 중국산 유제품을 원료로 사용하는 과자에서 멜라민 성분이 검출되어 수거조치에 들어갔다. 수입과자는 판매가 저조해지고 멜라민 파동으로 유사 빼빼로 제품이 사라지면서 롯데제과의 '오리지널 빼빼로'가 크게 인기를 끄는 현상도 있었다.

사건 발생 초기에 국내에서 원인 물질이 '멜라민(Melamine)'인지 '멜라닌(Melanin)'인지 헷갈리는 해프닝이 있었다. '멜라민'은 식기 그릇에 사용하는 플라스틱 수지이고 '멜라닌'은 피부색소인데 도대체 뭐가 문제라는 건지 소비자들은 어리둥절해했다. 일부 언론에서 멜라민과 멜라닌을 혼동하여 사용하는 바람에 식용색소로 사용된 멜라닌 색소를 '독성물질인 멜라닌이 식품에 들어 있다'며 엉뚱한 항의를 하는 소비자도 있었다.

단순한 해프닝으로 보기에 사안은 너무 중대했다. 심한 경우 영유아가 사망할 수 있는 사건이었기 때문이다. 과자에도 멜라민이 함유된 분유가 원재료로 사용되기 때문에 신속한 조치가 필요했다. 용어의 혼동으로 대수롭지 않게 생각했던 소비자들도 용어가 바로잡히면서 위험성을 깨닫게 되었고 멜라민 함유 과자의 유통이 전면 금지되는 조치까지 취해졌다.

어떤 기업이 스캔들에 휘말릴 때 그 기업과 전혀 관계가 없지만 회사명이 유사한 기업의 주가가 덩달아 하락하는 일을 심심치 않게 볼 수 있다. 글자 하나 차이라고 사소하게 보다가 엉뚱한 위기에 빠질 수 있다. 정확한 용어를 사용한다는 의미는 사건을 정확하게 파악하고 있고 대책을 마련하고 있다는 의미이다.

기업의 담당자들은 사건의 내용을 일반인도 쉽게 이해할 수 있는 정도로 설명해야 한다. 일반적으로 사건 발생 시 기자회견을 하게 되는데 기자를 대상으로 하는 브리핑이 바로 일반 소비자를 향한 설명이나 마찬가지이다. 소비자들은 언론을 통해 사건 내용을 듣게 되기 때문이다. 사고가 발생하면 일반인도 쉽게 이해할 수 있는 친숙한 일상용어로 설명할 필요가 있다. 취재 기자도 혼동하기 쉬운 어려운 설명은 오해를 일으킨다.

03 식빵에서 쥐가 발견된 사건의 위기관리

크리스마스 대목을 앞두고 식빵에서 쥐가 발견되었다는 허위제보 사건의 위기관리방식을 살펴보자. 이 사건 발생 전에도 TV고발 프로그램에서 케이크의 불량한 보관 실태에 대해 수차례 보도된 적이 있어서 '그러면 그렇지'하는 반응을 보인 소비자도 있었을 것이다. 크리스마스 대목임에도 불구하고 40만여 개의 케이크가 그대로 남았다는 사실이 사건에 대한 소비자들의 반응을 가장 확실히 말해준다.

식빵에서 나왔다는 쥐 사진이 인터넷 상에 유포된 지 일주일 만에 범인의 자백으로 사건은 일단락되었지만 신속한 해결 뒤에는 적절한 위기관리 시스템이 있었다. 사건의 직접 피해자인 P브랜드의 본사가 적극적으로 문제해결 자세를 취한 것이다. 우선, 문제의 사진이 게시된 인터넷 게시판의 글이 더 이상 유포되지 않도록 게시글을 내리는 '블라인드 처리'를 요청했다. 글을 게시한 사람의 신원을 파악하기 위해 사이버 수사대에도 신고했다. 또한 회사의 대외협력실을 통해 기자회견을 열고 직접 빵을 만드는 과정을 시연함으로써 제조 공정상

Case 9 위기관리 커뮤니케이션이 필요하다

식빵에는 쥐가 들어갈 수 없다는 사실을 직접 입증했다. 반죽할 때에도 X-레이 투시기, 무게 감지기 등으로 이물질을 걸러내는 공정도 설명했다. 만약 빵을 반죽하는 과정에서 이물질이 들어갔다면 모두 분쇄되어 형체가 그대로 남을 수 없다는 점을 강조했다. 여론은 빵 제조과정에서 식빵에 쥐가 들어간 것은 아니라는 분위기로 흘러갔다.

적극적인 해명은 범인을 압박하여 자백을 하도록 하는데 큰 도움이 되었다. 제보자가 비공개적으로 만나자는 제의를 해와도 이를 거절하는 등 원칙적 대응으로 일관했다. 이러한 대응은 P브랜드 본사가 적절하게 대응하고 있으며 소비자들에게 숨기지 않고 투명하게 모든 정보를 공개하고 있다는 인상을 주었다. 이러한 일련의 대응을 접한 P브랜드의 충성도 높은 고객들은 지속적인 신뢰를 보내게 되었다.

법원은 사건 용의자에게 실형을 선고했다. 유독 허위제보가 많은 식품업계에서는 이 사건이 향후 유사 범죄에 대한 경종이 될 것으로 자평하고 있다. 비록 큰 피해와 소동이 있었지만 위기관리 시스템을 적절히 가동시켜 빠르게 문제를 해결한 사례이다.

Case 10

블랙 컨슈머를 처벌할 수 있는 방법

블랙 컨슈머의 행위가 불법적인 경우 법적 대응이 가능하다. 법적 조치는 크게 두 가지이다. 첫째는 민사적인 조치로 재산에 대해 압박을 가하는 손해배상 청구이며, 둘째는 형사적인 조치로 형법상 범죄행위가 되는 경우에 고소 및 고발하는 것이다.

법적인 조치를 취한다는 것은 더 이상 블랙 컨슈머와 합의가 이루어지지 않는 단계에 왔다는 의미이다. 말 그대로 '최종적'인 대응방법이 법적 조치이다. 법적 조치는 형사적 조치를 먼저 하며 후에 기업에 손해가 발생한 경우 민사상의 손해배상 소송을 제기하는 것이 일반적이다.

・ ・ ・

일반적으로 불법행위는 크게 두 가지로 생각할 수 있다. 민사적인 불법행위와 형사적인 범죄행위이다. 불법행위라고 하면 주로 형사적 처벌의 대상이 되는 범죄행위를 떠올리게 된다. 하지만 형사처벌과 관계없는 민사적인 불법행위도 있다.

민사적인 불법행위란 다른 사람에게 위법행위를 하여 손해를 입힌 경우이다. 이때는 손해가 발생한 데 대한 책임을 지면 된다. 즉 손해배상을 하면 해결된다. 손해배상은 원칙적으로 금전적인 배상을 의미한다. 손해가 발생했다고 무조건 배상하는 것은 아니고 가해자에게 과실이 있는 경우에만 피해자에게 손해배상을 할 책임이 발생한다. 과실 없이 발생한 손해는 가해자가 물어줄 법적 책임이 없다.

형사적인 불법행위는 형법에 범죄로 열거되어 있는 행위들이다. 이러한 불법행위를 하였을 때는 사회질서를 깨뜨린 데 대한 제재로서 징역형, 벌금형, 금고형 등을 받게 된다. 수사 과정에서 도주의 우려가 있으면 구속되어 수사를 받을 수 있다. 교통규칙 위반으로 받는 범칙금은 행정 처분인 과태료이므로 형사적 처벌은 아니다. 일반적으로 알고 있는 불법행위는 형사적인 범죄행위인데 민사적인 불법행위도 있으므로 법적인 조치를 취할 때는 이 두 가지를 구분하여 판단해야 한다. 성질이 다르기 때문에 진행되는 절차가 상당히 다르다.

예를 들어 A라는 사람이 B에게서 돈을 빌려 간 후 갚지 않으면 이것은 민사적인 불법행위이므로 구속이 되거나 형사처벌을 받지 않는다. 빌린 돈을 밀린 이자와 함께 갚기만 하면 된다. 하지만 A가 고의로 돈을 갚지 않을 목적을 가지고 B에게서 계속적 · 반복적으로 빌린 후 갚지 않는다면 형사적 불법행위인 사기행위에 해당할 수 있다.

현행 형법에서 규정하고 있는 형벌의 종류는 사형, 징역, 금고, 자격상실, 자격정지, 벌금, 구류, 과료, 몰수이다. 과태료는 행정처분으로 성격이 다르다. 형법을 위반하면 전과자가 되지만 과태료를 받았다고 전과자로 불리지는 않는 차이가 있다.

Case 10 블랙 컨슈머를 처벌할 수 있는 방법

01 민사적 대응 방법

● 손해배상 청구

　손해배상 청구는 민사소송을 말한다. 민법상 불법행위를 저지른 경우 책임을 지는 것으로 형사처벌은 아니다. 금전적 배상을 통해 블랙 컨슈머의 재산에 압박을 가하는 조치이므로 효과적인 방법이다. 고의 또는 과실로 인한 위법행위로 타인에게 손해를 가한 자(블랙 컨슈머)는 그 손해를 배상할 책임이 있다. 손해배상은 다른 의사표시가 없을 때 금전으로 한다. 재산상 손해 외에도 타인의 신체, 자유 또는 명예를 해하거나 기타 정신상 고통을 가한 자는 배상할 책임이 있다.

◆ ◆ ◆

　불법행위는 고의 또는 과실로 인한 위법행위로 다른 사람에게 손해를 가하는 행위이다. 원칙적으로 가해자에게 책임을 물을 만한 귀책사유가 있어야 배상책임이 있다. 가해자가 과실 없이 모르고 피해를 입혔다면 피해자는 피해를 고스란히 입을 수밖에 없다.

과실책임 배상의 원칙상 피해가 발생한 경우 일반적인 경우 피해자가 상대방의 과실을 입증해야 한다. 기업의 위험시설의 경우 무과실 책임을 부과하는 경우도 있지만 일상생활에서는 거의 과실책임 배상이 적용된다. 그런데 제조물의 경우 제조업체의 과실 입증이 쉽지 않다. 그래서 소비자를 더욱 보호하기 위해 〈제조물책임법〉에서는 제조업체에게 과실이 없어도 배상책임(무과실 배상책임)을 인정하고 있다.

미국과 한국은 손해배상 제도가 다르다

패스트푸드점 맥도날드에서 뜨거운 커피를 마시다 쏟아 화상을 입은 할머니가 맥도날드를 상대로 손해배상 소송을 했다. 커피가 뜨거워 화상을 입을 수 있으니 조심하라는 경고를 하지 않았다는 이유였다. 맥도날드는 1년에 수억 잔씩 커피를 팔아도 화상을 입는 사람은 극히 적다고 항변하였으나 미국 법원에서는 할머니에게 약 30억 원을 지급하라고 판결하였다. 이렇게 미국은 징벌적 손해배상제를 운영한다. 고의불법행위, 불공정거래행위, 고의 또는 중과실에 의한 제조물 책임, 의료과오 등에 대해서는 판례법으로 고액의 징벌적 배상을 부과하고 있다.

징벌적 배상은 위법 또는 부당한 행위를 한 자에 대해 고액의 손해배상 책임을 부과하는 것을 인정함으로써, 피해자는 물론 일반인을 보호하는 제도이다. 가해행위의 재발방지제도라는 측면에서 위법, 부당한 행위를 제재 및 억제하는 동시에 법 준수 기능이 있다. 미국 법원은 가해자의 행위가 폭력적 또는 위압적이거나 악의, 기망, 의도적 무시 등 사유를 수반할 때 피해자가 입은 손해를 넘어 별도의 손해배상금의 지급을 명할 수 있다.

미국에서는 이처럼 사소한 사고에도 엄청난 손해배상금 판결이 나오는 경우가 많은데 우리나라에서도 일단 소송을 하면 같은 금액을 받을 수 있지 않을까? 생각할 수도 있다. 그러나 우리나라는 징벌적 손해배상제를 운영하지 않는다. 손해가 발생한 부분에 대해서만 배상이 인정된다. 그것도 손해배상을 청구하는 사람이 손해금액을 증명해야 한다.

미국 드라마나 영화 속에서 거액의 손해배상을 받는 경우를 보고서 우리나라에서도 그런 상황이 가능할 것이라는 생각은 착각이다. 칠리 수프에서 절단된 손가락이 나온 웬디스 사건을 계기로 미국 사회에서는 도를 넘는 소비자의 권리행사가 기업 활동을 저해한다는 비판이 일었다. 소송을 통해 돈을 벌려는 욕망 때문에 소송 사기를 치는 소비자가 늘고 있다는 것이다.

손해배상의 범위(손해배상 금액은 얼마일까?)

손해는 통상손해와 특별손해가 있다. 손해배상은 통상의 손해를 한도로 한다. 즉 발생한 손해에 대해서 가해자가 전부를 배상해야 한다. 제품이 수리가 불가능하면 다른 제품으로 교환하는 교환가치가 통상의 손해가 된다. 수리가 가능한 경우에는 수리비가 통상손해이다. 수리비가 과다하게 나와, 고장 나지 않은 정상제품의 가격을 넘게 되면 손해배상의 한도는 수리비가 아니라 그 제품의 교환가치가 된다. 일반적으로 고장 난 제품이 새것이면 신품 가격, 중고라면 중고제품 가격이 교환가치가 된다. 지연이자도 통상의 손해에 포함된다.

특별손해는 가해자가 특별한 사정을 알았거나 알 수 있었을 때에만 배상할 책임이 있다. 즉 특별한 사정에 대한 예견가능성이 있어야 배상책임이 있다. 소비자가 음식을 먹고 배탈이 났는데 병원에 입원하는 바람에 다음 날 있는 입사시험을 치르지 못했다면 입사시험예정은 특별한 사정이 된다. 그러한 사정을 알고 있거나 알 수 있는 상태였다면 배상 책임이 있다. 현실에서는 이런 특별한 사정을 알고 있다고 보기 힘들다. 또한 채무불이행으로 인한 정신적 고통은 특별손해에 해당한다는 것이 법원 판례이다. 그러므로 위자료도 거의 발생하지 않는다.

● 위자료 금액은 얼마나 될까?

위자료는 정신적 충격에 대한 손해배상이다. 비재산적인 손해로써 생명, 신체, 명예 등에 손실이 발생할 때 인정된다. 정신적 피해보상은 기준이 없으며 피해금액을 객관적으로 입증하기가 상당히 곤란하다. 그러므로 위자료는 소송을 해서 판결을 받아야 지급여부, 피해금액을 알 수 있다.

위자료는 어떤 경우에 인정될까? 법원은 "정신적 고통은 원칙적으로 재산적 손해에 대한 배상이 이루어지면 회복된다"고 판결하고 있다. 즉 재산상의 손실을 배상해주면 정신적인 고통도 회복되므로 위자료가 별도로 발생하지 않는다는 뜻이다. 예를 들어 신축한 건물에 하자가 발생한 경우 건설사가 하자보수 공사를 해주면 입주자의 정신적 고통은 회복된다.

만약 회복될 수 없는 정신적 고통을 입었다는 특별한 사정이 있더라도 그 특별한 사정이 예견 가능할 때에만 예외적으로 위자료를 인정할 수 있다는 것이 대법원 판례이다.

식품의 경우에도 마찬가지로 해석할 수 있다. 식품에 하자가 있어서 치료를 받았다면 식품구입비를 환불해주고 치료비, 일실비용 등을 지급하면 특별한 사정이 없는 한 위자료는 발생하지 않는다.

위자료가 인정된 법원 판례

법원은 '원칙적으로 재산적 손해에 대해 배상을 하면 정신적 고통도 회복된다'고 판단하여 위자료를 무조건 인정하지는 않는다. 위자료는 정신적 고통이 있었음을 확실히 예견할 수 있는 사례에만 인정하고 있다. 즉 간통, 성희롱, 부당해고, 한도를 넘은 생활방해 등의 경우에 위자료가 인정된다.

식품에 이물질이 들어 있어서 병원에 장기간 입원하거나 장애가 발생하는 정도가 아니라면 위자료는 거의 인정되지 않는다. 소비자분쟁해결기준에 의해 해결될 수 있을 정도의 경미한 하자나 불량에 대해 소비자가 '기분 나쁘다'는 이유로 위자료가 발생하는 것은 아니다. 판례를 사례에 적용해보면 '교환 또는 환불을 해주면 정신적 고통은 회복된다'고 보아 기업은 별도로 위자료를 지급할 필요가 없게 된다.

블랙 컨슈머의 생각

통조림을 먹을 때 색깔이 조금 이상했던 것이 있었는데 무심코 먹고 나서 계속 신경이 쓰였다. 몇 시간 지나서 아랫배가 살살 아파 오더니 화장실에서 설사를 했다. 음식이 상한 걸까? 다음 날 잠에서 깨어나보니 몸이 찌뿌듯한데 아무래도 어제 먹은 통

Case 10 블랙 컨슈머를 처벌할 수 있는 방법

조림에 이상이 있었던 모양이다. 병원에 가보니 배탈이 났던 것 같다고 하며 이제 괜찮을 거라고 했다. 통조림 회사에 전화해 상황을 설명했더니 오후에 와서 통조림을 수거하겠다고 했다. 오후에 식품 담당자라는 사람이 집으로 찾아왔다. 통조림에 남은 음식을 보여주니까 부위에 따라 색이 다를 수 있다고 하며 정상제품이라고 했다. 그러면서 혹시 상했을 수 있으니까 수거해서 조사하겠다고 하여 음식을 내주었다. '회사에서 직접 나와 조사까지 했으니까 보상을 해주겠군'하고 생각했다. 지금가지 들어간 돈이 병원비 6천원, 약국 4천원, 왕복 버스비 2천원. 또 뭐 없을까? 아 그렇지, 위자료. 배탈이 나서 죽을 뻔했으니까 위자료 1천만 원은 받아야겠지? 며칠 후 통조림회사에서 전화가 왔다. 음식은 상하지 않았고 이상한 물질도 없다고 했다. 제품에 이상은 없지만 고객에 대한 마음으로 통조림 선물세트를 보내주겠다고 했다. 이런 XX, 내가 배탈 나서 죽을 뻔했는데 통조림 세트로 입막음을 하시겠다고? 흥 어림도 없지. 1천만 원 안주면 인터넷에 올릴 거야. 내 돈 내놔 천만 원!

- 과실상계가 뭐지?

    채무불이행 또는 불법행위에 대해 손해배상 금액을 산정할 때 과실이 있으면 이를 참작하여 손해배상 액수를 정하게 된다. 서로 과실이 있으면 쌍방과실이 되며 누가 과실이 더 많은지 과실비율을 가리게 된다. 과실이 한쪽에만 일방적으로 발생하는 일은 현실적으로 드물고 대개 서로 부주의하여 피해가 발생한다. 제품을 구입하여 사용하던 사람이 부주의하게 사용해 피해가 발생했다면 제품 사용자에게 과실이 있으므로 과실 부분은 제품 사용자가 책임을 지게 된다. 제품 사용자도 제품의 사용목적에 맞게 안전수칙을 지켜가며 사용해야 한다. 무조건 제품 제조업체가 100% 책임을 지는 것이 아니다.

02 형사적 처벌 방법

● 고소하는 방법

 고소는 블랙 컨슈머를 검찰이나 경찰에 고소 또는 고발하여 형사적 처벌을 받게 하는 대응방법이다. '고소'는 피해를 입은 고소권자가 수사기관에 범죄사실을 신고하여 처벌을 원한다는 의사표시이다. '고발'은 고소권자가 아닌 일반인이 범죄자를 신고하는 것을 말한다. 기업이 블랙 컨슈머의 범죄행위로 피해를 입었다면 해당 기업은 블랙 컨슈머를 고소할 수 있다.

 고소는 최종적인 조치가 되므로 신중하게 진행해야 하며 협상의 마지막 카드로 사용할 수도 있다. 증거가 대단히 중요하므로 불법행위에 관한 증거 자료를 미리 확보해야 한다. 범죄 유형에 해당하는 여러 행위를 한 경우 각각의 행위에 대해 증거를 수집해두어야 한다. 범죄사실을 구체적으로 특정할 수 있어야 처벌이 가능하다.

 고소하는 방법은 고소장을 검찰이나 경찰에 접수하면 된다. 수사기관은 수사의 단서를 통해 범인을 찾고 증거를 수집하게 된다. 영장을 발부받아 증거물을 수색하고 압수할 수 있다. 블랙 컨슈머가 수사기관에 출석을 거부하는 경우 블랙 컨슈머를 체포하여 수사가 진행될 수도 있다. 체포하기 위해서는 죄를 범하였다고 의심할 만한 상당한 이유가 있고 수사기관의 출석 요구를 거부하거나 그럴 우려가 있어야 가능하다. 수사 결과 블랙 컨슈머에 대해 법원이 유죄판결을 내릴 것으로 판단되면 검사는 기소(공소제기)를 하게 된다. 그 후 법원의 유죄 판결을 받아 블랙 컨슈머를 처벌하게 된다.

● **형사처벌이 가능한 범죄구성요건에 해당하는 블랙 컨슈머 사례**

다음은 블랙 컨슈머의 범죄행위와 관련된 형사죄명이다. 블랙 컨슈머의 행위가 범죄구성요건에 해당하면 형법에 따라 처벌이 가능하다.

❶ 폭행죄

사람의 신체에 고통을 주는 물리력을 행사한 자는 폭행죄에 해당되어 처벌받는다.(2년 이하 징역 또는 500만 원 이하의 벌금) 폭행에는 구타나 몽둥이를 휘두르는 행위 외에도 사람을 밀치는 행위, 침 뱉는 행위, 손이나 옷을 잡아당기는 행위 등이 해당한다. 심한 폭언을 반복하는 것도 폭행죄에 해당한다.

[사례] 매장 직원에게 심한 폭언을 계속하거나 밀치고 멱살을 잡는 행위를 하면 폭행죄로 처벌받을 수 있다. 전화로 욕설을 하는 경우는 폭행죄는 아니지만 협박죄나 경범죄에 해당할 수 있다.

❷ 협박죄

사람을 협박한 자는 협박죄로 처벌한다(3년 이하 징역 또는 500만 원 이하의 벌금). 협박이란 상대방에게 공포심을 일으키게 할 만한 해악을 고지하는 행위이다. 적어도 발생 가능한 것으로 생각될 수 있는 구체적인 해악의 고지가 있어야 협박죄에 해당한다. 미수범도 처벌한다.

해악의 내용은 제한이 없다. 해악의 내용이 실현가능성이 없어도 협박죄에 해당하며, 불법적인 내용이 아니더라도 마찬가지이다. 예를 들어 "형사고소를 하겠다"는 말도 해악의 고지가 될 수 있다. 상대방에게 공포심을 일으킬 수 있는 정도의 해악이라면 협박죄가 성립된다. 그 판단은 개인적 정서와 주위 사정을 종합하여 판단하게 된다.

해악을 실현할 의사는 필요 없지만 주관적으로 협박의 고의는 있어야 한다. 예를 들어 라이터로 불을 켜는 동작을 하면서 "방에 불을 지르겠다, 다 죽여 버리겠다"라고 말하는 것은 가해자가 실제로 불을 지를 마음이 없더라도 피해자가 공포심을 느낄 정도로 충분히 해악을 고지한 것이 된다. 상습적으로 협박을 하는 자는 책임이 가중되어 더 중한 처벌을 받게 된다.

[사례] 보상금에 불만을 품은 고객이 인터넷에 자료를 올려 회사를 망하게 하겠다고 하면 협박죄에 해당할 수 있다. "세무조사를 받게 하여 망하게 하겠다"는 말도 협박에 해당한다. 형사고소를 고지하여 협박을 하는 경우에 형사고소라는 수단과 목적 사이에 연관이 없으면 협박죄가 성립한다.

슈퍼마켓에서 식칼을 들고 종업원을 협박하는 행위는 협박죄에 해당하며, 식칼을 들고 매장 안을 돌아다니며 손님들을 내쫓아 영업을 방해한 행위는 별도로 영업방해죄에 해당한다.

❸ 명예훼손죄

공연히 사실을 적시하여 사람의 명예를 훼손하면 명예훼손죄에 해당하여 처벌한다(2년 이하 징역 또는 500만 원 이하의 벌금). 공연히 허위의 사실을 적시하여 명예를 훼손한 경우에도 처벌하는데 이 경우에는 형량이 높다(5년 이하 징역 또는 1천만 원 이하의 벌금). 허위의 사실을 유포할 때는 물론 진실한 사실을 유포하는 경우에도 명예훼손죄가 된다. 주의할 점은 사실을 사실대로 공공연히 말하고 다녀도 명예훼손에 해당한다는 점이다. 다만 이러한 행위가 오로지 공공의 이익에 관한 때에는 처벌하지 않는다. 법인도 명예훼손의 주체가 될 수 있다.

공연히 말하고 다니는 공연성이 있어야 한다. 불특정 다수인이 직접 인식할 수 있는 상태이어야 하고 특정한 1인이더라도 그 사람이 불특정 다수인에게 전파할 가능성이 있으면 공연성이 인정되어 명예훼손이 될 수 있다.

구체적인 사실을 적시하여 명예를 침해하는 것이 아니라 단순한 추상적 판단이나 경멸적인 감정을 표현하는 행위는 명예훼손죄가 아니라 모욕죄에 해당할 수 있다.

[사례] 빵에서 벌레가 나왔다고 사람들에게 알리는 경우 공공의 이익을 위한 행동이 아니라면 명예훼손에 해당한다. 실제로 벌레가 나왔다고 하더라도 합의금을 뜯을 목적이라면 명예훼손 행위에 해당한다. 벌레가 나오지 않았는데도 벌레가 나왔다고 허위의 사실을 알렸다면 더 높은 형량으로 처벌받는다. 처벌받지 않으려고 공공의 이익을 위한 일이라고 주장할 수도 있지만 사실상 합의금을 받아낼 목적이 인정되면 면책이 되지 않는다. 회사 전산망에 설치된 게시판에 타인의 명예를 훼손하는 글을 게시한 경우에도 명예훼손죄가 된다.

전화 인터뷰 사건

A는 신문기자와 전화 인터뷰를 하면서 B에 대한 명예를 훼손하는 이야기를 했다. 하지만 신문기자는 A의 진술을 기사화하지 않았다. A는 명예훼손이 될 수 있을까?

기자가 아닌 일반인에게 사실을 적시할 경우 외부에 공표되는 것이므로 전파가능성을 따져 공연성 여부를 검토하게 된다. 그러나 기자인 경우 기사화되어 보도되어야만 외부에 공표되었다고 볼 수 있다. 대법원에서는 취재만 한 상태이고 기사화하지 않았다면 전파가능성이 없어 공연성이 없다고 판단하고 있다. 따라서 명예훼손죄가 성립하지 않는다.

인터넷을 이용한 명예훼손 행위

인터넷과 같은 정보통신망을 이용하여 명예를 훼손한 경우 정보통신망법(정보통신망 이용촉진 및 정보보호 등에 관한 법률)에 의해 가중처벌된다. 비방 목적으로 정보통신망을 이용하여 공공연하게 사실을 드러내어 명예를 훼손한 경우(3년 이하 징역 또는 2천만 원 이하의 벌금), 거짓 사실을 드러내는 경우(7년 이하 징역 또는 5천만 원 이하의 벌금)에 명예 훼손죄로 처벌한다.

Case 10 블랙 컨슈머를 처벌할 수 있는 방법

❹ 모욕죄

불특정 또는 다수인이 인식할 수 있는 상태로 공연히 사람을 모욕한 자는 모욕죄로 처벌한다(1년 이하 징역 또는 200만 원 이하의 벌금). 모욕이란 구체적인 사실을 드러내지 않아도 추상적인 관념을 사용하여 사람의 인격을 경멸하는 표현을 말한다.

[사례]   대법원 판례는 "야 이 개 같은 잡X아", "저 망할 X 저기 오네", "병신"은 경멸하는 표현이 들어 있는 욕설로 보아 명예훼손이 아닌 모욕죄로 판단하였다. 만약 명예훼손에 해당하면 처벌이 더 크다.

❺ 신용훼손죄

허위의 사실을 유포하거나 기타 위계로써 신용을 훼손하면 처벌한다(5년 이하 징역 또는 1천500만 원 이하 벌금). 신용이란 지급능력과 같은 경제적 측면에 대한 평가이다. 실제 객관적 사실과 다른 사실을 불특정 또는 다수인에게 전파하는 것을 말한다. 단순한 의견이나 가치판단은 신용훼손에 해당하지 않는다. '위계'란 사람을 착오에 빠지게 하여 판단을 잘못하게 하는 것을 말한다.

❻ 업무방해죄

허위 사실을 유포하거나 위계 또는 위력으로 업무를 방해함으로써 성립하는 범죄이다(5년 이하 징역 또는 1천500만 원 이하의 벌금). '업무'란 사람이 직업 또는 사회생활상의 일정한 지위에 기하여 계속적으로 종사하는 사무나 사업을 말한다. 공장의 조업이 끝난 후 정문을 닫는 일도 업무에 들어가므로 위력으로 이를 못하게 하는 것도 업무방해가 된다.

대법원 판례에서 위계 또는 위력을 행사하여
업무방해죄가 성립한다고 본 경우

❶부정입학 및 석사학위논문 대작 ❷위장취업 ❸정당한 권한 없이 단전조치 ❹회사 출입문에 바리케이트를 설치하여 출입통제 ❺음식점에서 고함을 지르고 난동을 부리는 행위

위계·위력에 의한 업무방해죄가
성립하지 않는다고 본 사례

❶인터넷 자유게시판에 실제의 객관적 사실을 게시하여 업무방해가 되더라도 위계에 의한 것이 아니므로 업무방해죄가 설립하지 않음(명예훼손이 될 수도 있음) ❷허위의 신청서류를 제출하였는데 충분히 확인하지 않고 교수로 채용한 경우

Case 10 블랙 컨슈머를 처벌할 수 있는 방법

[사례] 어느 정도 전화를 하면 업무방해죄에 해당될까? 추심업체 직원의 독촉 전화 사례가 있다. 추심업체 직원이 대출금 독촉을 위해 한 달 동안 매일 평균 10통, 어떤 날은 90통에 이르는 전화공세를 하였다. 45일 동안 총 460회의 전화를 걸었고 그중 통화가 연결된 횟수는 19회에 불과하였다. 이 정도 전화 공세라면 업무방해죄에 해당할까? 대법원은 전화공세를 위력의 행사로 보았고 업무방해의 결과를 초래할 위험이 발생하였으므로 업무방해죄가 성립한다고 보았다.

❼ 통신비밀보호법

누구든지 공개되지 않은 타인간의 대화를 녹음하거나 전자장치 또는 기계적 수단을 이용하여 청취할 수 없다(10년 이하 징역 등). 대화비밀침해죄인데 대화하는 당사자 중 1인이 몰래 녹음하는 경우에는 해당되지 않는다. 대화에 참여하지 않는 제3자가 녹음해서는 안 된다는 취지이다.

전화통화를 하는 사람들 중 한 사람에게만 동의를 얻은 제3자가 통화내용을 녹음하는 경우에는 통신비밀보호법상 전기통신감청에 해당해 법 위반이 된다. 동의를 받지 않은 다른 한 사람의 사생활 및 통신 불가침을 침해하였기 때문이다.

형법에서는 위법하게 수집된 증거를 가지고 형사처벌을 하지 않는다. 즉 몰래 녹음한 자료를 이용하여 상대방을 처벌받게 할 수 없다. 이를 인정하면 불법적으로 증거를 수집하려고 들기 때문이다. 고객의 항의가 법적인 분쟁의 소지가 있다면 상대방의 동의를 받아서 녹음을 하여야 나중에 문제가 되더라도 증거자료로 삼을 수 있다.

일부 교육 강사 중에 블랙 컨슈머에 대한 대책으로 '몰래 녹취를 해도 통신비밀보호법상 위법이 아니므로 몰래 녹음하라'고 가르쳐주는데 여기에는 다른 법적인 문제가 있다. 형법상 위법하게 수집된 증거는 형사처벌을 받게 할 증거로 인정받기 어렵다. 증거방법으로서 문제가 있기 때문이다. 또한 이러한 행동은 고객과 소비자단체들의 반발을 일으킬 뿐이다. 고객콜센터에서 고객의 동의를 받고 녹음하듯이 필요하다면 상대방의 동의를 구하고 녹음을 하는 것이 안전하다.

❽ 사기죄

사람을 기망하여 재물의 교부를 받거나 재산상의 이익을 취득한 자는 사기죄로 처벌한다(10년 이하 징역 또는 2천만 원 이하의 벌금). 미수범도 처벌한다. 사기죄가 성립하려면 기망행위가 있어야 한다. 기망행위는 거래관계에서 지켜야 할 신의칙에 반하는 행위로서 착오를 일으키게 하는 행위를 말한다. 기망 대상은 '사실'이며 순수한 주관적 의견진술이나 판단은 제외된다. 예를 들어 한우를 판매한다고 해놓고는 수입산 쇠고기를 판매하는 행위는 원산지라는 사실에 대한 기망행위로 볼 수 있다. 다만 '좋은 고기입니다. 맛있습니다'라고 말하는 것은 주관적인 의견진술이므로 사기죄에 해당하지 않는다.

[사례] 온라인 쇼핑몰에서 면 셔츠를 실크셔츠라고 판매한다면 사기가 될 수 있으나 '실크처럼 부드럽다'라고 광고한다면 사기에 해당하지 않을 수 있다. 구매자가 착각하여 잘못 구매하는 경우 판매자를 사기꾼이라고 하는 경우가 있는데 거래에 있어서 중요한 사항을 비난받을 정도로 허위로 기재하였는지 아니면 사회적으로 용인될 수준의 상술 정도인지에 따라 판단이 달라진다. 대법원에서는 상품에 대한 약간의 과장광고는 기망행위가 되지 않아 사기죄에 해당하지 않는다고 한다.

휴대폰으로 메시지가 도착한 것으로 오인하게 하여 통화버튼을 눌러 정보이용료가 부과되게 한 경우는 사기죄에 해당한다. 신생 브랜드 시계를 수입하면서 마치 오랜 전통을 지닌 브랜드 제품인 것처럼 허위 광고하는 행위도 사기죄의 기망행위에 해당한다. 이른바 백화점 변칙세일은 가격에 관한 기망이 있는 경우로서 사회적으로 용인되는 상술의 정도를 넘어 사기죄에 해당한다.

    백화점에서 당일 판매되지 못하고 남은 식품에 대해 다음날 아침 포장지를 교체하면서 가공일자를 재포장일자로 기재된 바코드 라벨을 붙여 재판매하는 행위를 하는 경우가 있다. 소비자들이 식품의 구매동기에 중요한 요인인 가공일자에 대해 착오를 일으키고 재고상품을 종전가격으로 판매하려는 것은 일반적인 상술의 정도를 넘어선 기망행위에 해당한다.

◆ ◆ ◆

    과장광고 중에 기망행위가 아닌 것으로 본 판례가 있다. 아파트 분양광고에서 아파트 평수가 다소 과장된 경우 매매대금 산정기준과 관계없이 단순히 분양을 쉽게 하려는 의도만 있다면 과장 정도가 기망행위는 아니라고 보았다. 이런 판례의 입장에서 판단해 보면 500정짜리 알약을 일일이 세어 한 알이 부족하다며 보상을 요구하는 소비자 클레임의 경우, 제조공정상 단순 실수에 의한 것이므로 기업이 사기행위를 했다고 볼 수 없다. 80미터 두루마리 화장지에서 1cm 부족한 것도 근소한 차이에 불과하므로 소비자 기망행위로 볼 수는 없을 것이다.

❾ 공갈죄

사람을 공갈하여 재물의 교부를 받거나 재산상 이익을 취하면 처벌한다(10년 이하 징역 또는 2천만 원 이하의 벌금). 미수범도 처벌한다. '공갈'이란 다른 사람의 재물이나 이익을 취득하기 위해 폭행·협박으로 공포심을 일으키는 것을 말한다. 이때 폭행·협박의 정도는 강도의 폭행처럼 상대방의 반항을 억압할 정도가 아니라 상대방의 의사결정을 제한하는 정도만 되어도 해당한다.

협박의 내용은 해악을 고지하는 것인데 내용의 제한이 없다. 죽이겠다는 생명·신체에 대한 해악, 명예·신용 등에 대한 해악은 물론 비밀을 폭로하겠다거나 거래를 끊는다는 표현, 형사고소를 하겠다는 말도 해악이 된다.

이러한 내용은 허위사실이라도 공갈죄에 해당한다. 그럴 마음은 없을지라도 단순히 위협하려고 비밀을 폭로하겠다고 말하거나 형사고소하겠다는 것도 해악의 고지가 되는 것이다.

	사기죄	공갈죄
수단	기망행위	폭행, 협박
보호법익	재산권	재산권, 자유권
피해자	재산 소유자	공갈당한 자, 재산 소유자

'가루를 만들어버리겠다' 사건

같은 제과학원에 다니는 A와 B는 부산으로 함께 여행을 갔는데 A가 B에게 현금카드를 빌려달라고 하자 B가 거부하였다. 이에 A가 B에게 "현금카드를 빌려주지 않으면 부산에 있는 아는 깡패를 동원해 가루로 만들어 버리겠다"고 말했다. 겁을 먹은 B는 현금카드를 내주었다. A는 B의 현금카드를 사용하여 돈을 인출하였다. 대법원은 A가 B를 협박하여 현금카드를 갈취하였으므로 현금카드 자체에 대해 공갈죄가 성립한다고 판결하였다.

[사례] 블랙 컨슈머가 기업을 상대로 "돈을 주지 않으면 언론과 인터넷에 유포하겠다"며 협박을 하는 것은 공갈죄에 해당하는 행위가 된다. 공갈죄는 미수범도 처벌하므로 협박을 하다가 미수에 그친 블랙 컨슈머도 처벌받게 된다.

또한 실제로 이물질이 나온 식품에 대해 과도한 보상금을 요구하며 자신의 요구를 들어주지 않으면 경찰에 고발하거나 인터넷 게시판에 유포시켜 회사를 망하게 하겠다고 협박하는 행위도 공갈죄가 성립할 수 있다.

⑩ 배임수재죄

 일반적으로 '뒷돈'을 받으면 뇌물이라서 뇌물죄에 해당하는 것으로 알고 있다. 하지만 뇌물죄는 공무원에만 해당한다. 일반 회사에 근무하는 직원이 그 업무에 관하여 부정한 청탁을 받고 재산상의 이익을 취하는 경우에는 뇌물죄가 아니라 배임수재죄에 해당하여 처벌받을 수 있다. 예를 들어 블랙 컨슈머가 담당 직원에게 보상금을 높게 책정해서 받게 해달라고 하며 돈을 주는 경우 해당 직원은 배임수재죄로 처벌받을 수 있다(5년 이하 징역 또는 1천만 원 이하의 벌금). 부정하게 받은 재산은 몰수 또는 추징을 한다.

[사례] 중고TV를 구입한 후 단종된 부품을 고의로 고장 나게 하여 결국 환불받은 일당의 경우 A/S센터 직원들과 공모한 혐의가 있었다. 만약 직원들이 블랙 컨슈머로부터 청탁을 받고 환불처리를 도왔다면 배임수재죄에 해당할 수 있다. 대법원은 철거공사와 관련해 철거업체한테서 금품을 받은 재건축조합장, 제약회사로부터 자기 회사의 약품만을 처방해달라고 청탁받은 종합병원 의사, 출판사로부터 자기 출판사 교재만 채택해달라고 청탁받은 대학교수 등이 배임수재죄에 해당한다고 판결하였다.

⑪ 경범죄

사안이 가벼운 범죄는 경범죄처벌법에 의해 처벌한다. 위반하면 범칙금 납부 통고를 받는다. 업무상 발생 가능한 종류를 살펴보면 다음과 같다.

업무방해 | 다른 사람 또는 단체의 업무에 관하여 못된 장난 등으로 이를 방해한 사람

흉기의 은닉휴대 | 칼·쇠몽둥이 등 사람의 생명 또는 신체에 중대한 해를 입히는 데 사용될 연장이나 쇠톱 등 집 그 밖의 건조물에 침입하는 데 사용될 연장을 정당한 이유 없이 숨기어 지니고 다니는 사람

의식방해 | 공공기관 그 밖의 단체 또는 개인이 베푸는 행사나 의식에 대하여 못된 장난 등으로 이를 방해하거나 행사나 의식을 베푸는 자 또는 그 밖의 관계있는 사람이 말리는데도 듣지 아니하고 이를 방해할 우려가 뚜렷한 물건을 가지고 들어간 사람

음주소란 | 공회당·극장·음식점등 여러 사람이 모이거나 다니는 곳 또는 여러 사람이 타는 기차·자동차·배 등

에서 몹시 거친 말 또는 행동으로 주위를 시끄럽게 하거나 술에 취하여 이유 없이 다른 사람에게 주정을 한 사람

인근소란 | 악기 · 라디오 · 텔레비전 · 전축 · 종 · 확성기 · 전동기 등의 소리를 지나치게 크게 내거나 큰소리로 떠들거나 노래를 불러 이웃을 시끄럽게 한 사람

새치기 | 흥행장 · 경기장 · 역 · 나루터 또는 정류장 그 밖의 여러 사람이 모이는 곳에서 승차 · 승선 또는 입장하거나 표를 사기 위하여 사람들이 줄을 서고 있을 때에 새치기 하거나 떠밀거나 하여 그 줄의 질서를 어지럽힌 사람

장난전화 | 정당한 이유 없이 다른 사람에게 전화 또는 편지를 여러 차례 되풀이하여 괴롭힌 사람

[사례] 영업 중인 회사 내에 들어와서는 큰 소리로 떠들며 난동을 부리면 기본적으로 업무방해죄가 성립한다. 음식점에서 고함을 지르거나 난동을 피운 사람에 대해 업무방해죄로 처벌받은 사례가 있다.

⓬ 기타 사항

 전자상거래 등에서 소비자보호에 관한 법률은 부당한 전자상거래 또는 통신판매를 억제 또는 제재할 목적으로 과징금 부과규정을 두고 있다. 공정거래위원회의 시정조치에도 불구하고 위반행위가 반복되거나 소비자 피해 방지가 곤란하다고 판단되는 경우 해당 기업에 과징금이 부과될 수 있다.

* * *

 표시·광고의 공정화에 관한 법률은 부당한 표시·광고행위를 함으로써 피해를 입은 자가 있는 경우에 해당 사업자에게는 손해배상의 책임이 있다고 규정한다. 이때 손해배상의 책임이 있는 사업자는 그 피해자에 대해 고의 또는 과실이 없음을 주장하여 책임을 회피할 수 없다. 손해배상을 해주려면 고의 또는 과실이 있어야 하는데 부당한 표시·광고 행위로 인한 피해는 고의 또는 과실이 없어도 손해배상을 해야 한다는 의미이다.

> **'사죄광고'를 강제할 수 없다**
>
> 명예회복의 방법으로 '사죄광고'를 강제할 수 없다. 과거에는 신문에 사죄광고를 싣도록 하는 판결을 하였으나 양심의 자

Case 10 블랙 컨슈머를 처벌할 수 있는 방법

유에 저촉되어 위헌결정이 나왔다. 즉 '사죄한다'는 행위는 윤리적인 판단·감정 내지는 의사의 표현인 것이므로 본질적으로 마음에서 우러나는 자발성이 있어야 하므로 강제로 사과문을 신문 등에 게재하도록 하는 것은 적합하지 않은 것으로 보고 있다. 사죄광고 게재를 강제하는 것은 헌법에서 보장하는 양심의 자유를 침해할 수 있어서 인정하고 있지 않다.

03 기타

- **고소를 잘못했다가 무고죄에 걸리면 어떡하지?**

　다른 사람을 형사처벌 받게 하거나 징계처분을 받게 할 목적으로 수사기관 등에 허위의 사실을 신고한 자는 무고죄로 처벌한다(10년 이하 징역 또는 1천500만 원 이하의 벌금). 수사기관에 고발의무가 있는 은행직원에게 허위로 수표위조신고를 한 경우 무고죄에 해당된다. 허위사실은 수사권이나 징계권을 발동할 정도이면 되고 반드시 범죄구성요건사실을 구체적으로 기재하지 않아도 해당된다. 고의로 거짓말을 하여 수사기관의 업무에 혼란을 주었다면 무고죄에 해당해 처벌받을 수 있다.

　블랙 컨슈머가 무혐의이면 기업은 무고죄에 해당될까? 기업의 고객 서비스 담당자들의 고민은 블랙 컨슈머를 고소하는 것으로 끝나지 않는다. 고객을 상대로 고소를 한다는 것은 쉽지 않은 결정이다. 그만큼 악덕 소비자이기 때문일 것이다. 그런데 블랙 컨슈머를 고소했을 때 무혐의가 나오면 고소를 한

Case 10 블랙 컨슈머를 처벌할 수 있는 방법

기업은 무고죄에 해당해 도리어 처벌을 받게 되지 않을까 걱정이 될 수밖에 없다.

무고의 죄는 기업이 평범한 고객을 형사처벌 받게 하려고 경찰서에 허위 사실을 신고할 때 성립하는 범죄이다. 즉 돈을 요구하거나 협박하지 않은 고객을 상대로 돈 요구와 협박이 있다고 허위로 신고해야 무고죄에 해당하는 것이다. 블랙 컨슈머의 협박 행위가 있었다면 증거불충분으로 무혐의가 날 수 있지만 그렇다고 해서 기업이 무고죄에 해당하는 것은 아니다. 허위신고가 아니라 어느 정도 혐의가 있는 고소라면 무고죄에 해당하지 않는다. 그래서 블랙 컨슈머를 고소할 때에는 협박당한 증거를 확보하는 것이 중요하다.

- 미안하다고 말하면
  모든 책임을 져야 하는 것일까?

제품이나 서비스로 인해 피해를 입은 소비자들의 공통적인 하소연이 "미안하다는 말조차 제대로 들을 수 없었다"는 것이다. 기업이 미안하다는 말을 한다고 그냥 넘어가 줄 기세는 아니지만 피해자의 말을 듣는 제3자는 '거 참 몹쓸 회사구만' 하면서 피해자에게 감정적으로 동조한다. 기업이 피해자에게 속 편하게 미안하다고 못하는 이유 중의 하나는 미안하다고 하면 "미안하다고 말만 하면 다야? 말이면 다냐고!" 하는 반응이 이어질까 두렵기 때문이다. 하지만 미안하다고 사과한다고 해서 법적 책임을 져야 하는 것은 아니다. 도의적인 차원에서 미안하다고 말하는 것이지 곧바로 법적인 책임까지 지겠다는 뜻을 밝히는 의미는 아니다. 하지만 미안하다는 말을 들은 사람들이 미안하다고 했으니 모든 걸 다 책임지라는 식으로 나오는 경우가 많다 보니 기업들이 '속으로' 미안하긴 한데 미안하다는 말도 못하고 우물쭈물하다가 상황만 악화시키는 경우가 많다.

● 1인 시위

일반적으로 1인 시위는 개인이 피켓이나 플래카드, 어깨띠 등을 두르고 혼자서 하는 시위를 말한다. 외국 대사관 등 주요 시설이 입주해 있는 건물 주변에서 시위를 할 수 없다는 집시법의 조항을 피하기 위한 시위 형태이다. 2인 이상의 모임이라야 집시법상 시위로 간주되므로 1인 시위는 관할 경찰서에 사전신고를 해야 하는 집시법의 적용을 받지 않는다. 이는 집회 · 결사의 자유를 각 내포하는 기본권 실현의 한 방법으로 볼 수 있다. 다만 1인 시위를 해도 업무방해나 명예훼손 등 다른 규정에 해당하면 처벌받을 수 있다.

Case 11

고객서비스 담당자들이 알아야 할 3가지

01 소비자기본법

　　소비자기본법은 소비자의 권익을 증진하기 위해 소비자의 권리와 책무를 규정한 법이다. 또 국가 · 지방자치단체 및 사업자의 책무, 소비자단체의 역할 그리고 자유시장 경제에서 소비자와 사업자 사이의 관계를 규정하였다.

　소비자는 기본적 권리를 정당하게 행사하여야 하며, 스스로의 권익을 증진시키기 위해 필요한 지식과 정보를 습득하려고 노력해야 한다. 국가도 소비자의 기본적 권리가 실현되도록 관계 법령을 정비하여 국민경제 발전에 적극적 역할을 다하도록 하고 있다. 소비자권익 증진을 효과적으로 추진하기 위해 한국소비자원을 설립하고 소비자와 사업자 사이에 발생한 분쟁을 조정하기 위해 소비자분쟁조정위원회를 두었다.

　소비자기본법 제4조에서 소비자의 기본적 권리 8가지를 규정하였고, 제5조에서 소비자 책무를 규정해 소비자가 권리를 정당하게 행사할 것을 규정하고 있다. 또한 제19조에서 사업자의 책무를 규정하여 사업자가 제공한 제품, 서비스로 인해 소비자에게 피해가 발생하지 않도록 하였다.

고객만족 담당자들은 소비자의 클레임이 있을 경우 소비자의 기본적 권리와 그 권리를 정당하게 행사하는 책무에 대해 숙지하고 있어야 한다. 악덕 소비자처럼 권리만 행사하고 책무를 무시하는 경우 올바른 설명을 하여 과도한 요구를 하지 않도록 안내해야 한다. 과도한 요구를 하는 소비자들도 소비자기본법상 분쟁해결기준에 대해 설명해주면 자신의 요구가 과하다는 것을 깨닫고 누그러지는 경우가 많다.

· · ·

소비자의 8가지 권리는 ❶안전할 권리 ❷알 권리 ❸선택할 권리 ❹의견을 반영시킬 권리 ❺피해를 보상받을 권리 ❻교육을 받을 권리 ❼소비자단체를 조직 · 활동할 권리 ❽안전하고 쾌적한 소비생활 환경에서 소비할 권리이다. 소비자는 이러한 권리를 정당하게 행사할 책무가 있지만 권리를 남용해서는 안 된다.

소비자기본법 제4조 (소비자의 기본적 권리)

소비자는 다음 각 호의 기본적 권리를 가진다.
1 물품 또는 용역(이하 '물품 등'이라 한다)으로 인한 생명 · 신체 또는 재산에 대한 위해로부터 보호받을 권리

2 물품 등을 선택함에 있어서 필요한 지식 및 정보를 제공받을 권리

3 물품 등을 사용함에 있어서 거래상대방ㆍ구입 장소ㆍ가격 및 거래조건 등을 자유로이 선택할 권리

4 소비생활에 영향을 주는 국가 및 지방자치단체의 정책과 사업자의 사업 활동 등에 대하여 의견을 반영시킬 권리

5 물품 등의 사용으로 인하여 입은 피해에 대하여 신속ㆍ공정한 절차에 따라 적절한 보상을 받을 권리

6 합리적인 소비생활을 위하여 필요한 교육을 받을 권리

7 소비자 스스로의 권익을 증진하기 위하여 단체를 조직하고 이를 통하여 활동할 수 있는 권리

8 안전하고 쾌적한 소비생활 환경에서 소비할 권리

소비자기본법 제5조 (소비자의 책무)

1 소비자는 사업자 등과 더불어 자유 시장 경제를 구성하는 주체임을 인식하여 물품 등을 올바르게 선택하고, 제4조의 규정에 따른 소비자의 기본적 권리를 정당하게 행사하여야 한다.

2 소비자는 스스로의 권익을 증진하기 위하여 필요한 지식과 정보를 습득하도록 노력하여야 한다.

3 소비자는 자주적이고 합리적인 행동과 자원 절약적이고 환경 친화적인 소비생활을 함으로써 소비생활의 향상과 국민경제의 발전에 적극적인 역할을 다하여야 한다.

소비자기본법 제19조 (사업자의 책무)

1 사업자는 물품 등으로 인하여 소비자에게 생명 · 신체 또는 재산에 대한 위해가 발생하지 아니하도록 필요한 조치를 강구하여야 한다.
2 사업자는 물품 등을 공급함에 있어서 소비자의 합리적인 선택이나 이익을 침해할 우려가 있는 거래조건이나 거래방법을 사용하여서는 아니 된다.
3 사업자는 소비자에게 물품 등에 대한 정보를 성실하고 정확하게 제공하여야 한다.
4 사업자는 소비자의 개인정보가 분실 · 도난 · 누출 · 변조 또는 훼손되지 아니하도록 그 개인정보를 성실하게 취급하여야 한다.
5 사업자는 물품 등의 하자로 인한 소비자의 불만이나 피해를 해결하거나 보상하여야 하며, 채무불이행 등으로 인한 소비자의 손해를 배상하여야 한다.

02 리콜제도

리콜제도는 안정성에 문제가 있는 결합상품의 경우 제조업체가 스스로 제품결함을 공개하고 시정하는 제도이다. 제품 판매 후라도 불안요인, 위험요인을 사전에 제거하여 결함발생 가능성을 줄이려는 것이다. 소비자 안전과 피해보상에 대한 권리가 사회문제로 불거지면서 제품결함이나 위해요소를 제거하여 소비자피해를 사전에 예방하는 데 의의가 있다.

도요타의 리콜사태

2009년, 미국 샌디에이고 일가족의 차량 급가속 사고와 관련한 소송에서 도요타 측은 유가족과 약 115억 원의 배상금에 합의한 것으로 알려졌다. 급가속 사고는 피해자가 몰고 가던 도요타 렉서스 차량이 운전자의 조작과 상관없이 급가속되면서 일가족 4명이 사망한 사고이다. 이 사고를 계기로 도요타 자동차의 급가속 문제가 이슈가 되어 도요타 자동차 사장이 국회 청문회에 출석해 대국민 사과를 하고 대규모 리콜 조치

Case 11 고객 서비스 담당자들이 알아야 할 3가지

를 단행하는 사태가 벌어졌다.

블라인드 리콜

최근 커튼 대신 많이 사용하는 블라인드 때문에 어린이 안전사고가 늘고 있다. 블라인드는 커튼에 비해 저렴하고 설치도 간편해 커튼 대신 사용하는 가정이 많다. 하지만 블라인드 줄에 목이 감겨 심한 경우는 사망에 이를 수 있다. 특히 아동의 경우 목에 감긴 줄을 풀지도 못하고 소리도 지르지 못해 사망하는 사건이 발생했다. YTN 보도에 따르면 미국에서는 1999년부터 2010년까지 블라인드 줄로 인한 안전사고가 120건 발생한 것으로 집계됐다. 그 후 500만 개의 블라인드가 리콜 조치됐다.

리콜은 어떻게 진행되는가?

어떤 상품이 소비자의 생명, 신체, 재산상 피해를 준 사실이 위해정보 보고기관에 접수되면 이 사실을 해당 사업자에게 통보하여 스스로 시정할 수 있도록 한다. 리콜의 실시 여부는 한국소비자원에서 판정하며 이때 사업자는 소명할 수 있는 기회가 있다. 판정 결과 위해성이 있다고 결정된 경우 정부기관에서는 리콜시행을 요구하게 된다. 사업자가 리콜을 거부하거나 시정결과가 미흡한 경우 정부가 직접 해당 제품에 수거 · 파기명령을 내릴 수 있다. 사업자가 조치에 따르지 않을 경우 정부는 직접 해당 제품을 수거 · 파기할 수 있다. 이외에 제조업체가 스스로 고객들에게 알리고 하자를 시정하는 자발적 리콜이 있다.

소비자들은 리콜을 공개적으로 실시하는 사업자를 신뢰하는 태도가 필요하다. 궁극적으로 소비자에게 이익이 되기 때문이다. 소비자가 리콜제품을 부정적으로 보면 사업자가 리콜을 꺼리게 되어 소비자는 불안 제품을 계속 사용할 수밖에 없다.

03 제조물책임법
(PL법, Product Liability)

고객만족실에 근무하는 직원이라면 꼭 한 번은 읽어보아야 할 만큼 중요한 법이 '제조물책임법'이다. 8개의 법조문으로 이루어져 있어 분량이 많지 않은 문서이며, 꼭 알아두어야 할 법이다. 리콜제도가 소비자 피해를 예방하는 사전 피해구제방법이라면 제조물책임법은 피해발생 후 효과적인 피해보상을 위한 사후구제조치로서 제조물의 결함으로 인한 소비자피해보상을 용이하게 하는 데 의의가 있다. 소비자 피해발생 시 소비자가 구제를 받으려면 사업자의 과실을 입증해야 하는데 이것은 현실적으로 매우 어렵기 때문이다.

제조물의 위험에 대한 소비자 보호와 기업책임이 강화되어 제조물책임법이 도입되었다. 이 법의 취지는 제품과 제조기술이 복잡해지면서 해당 분야의 전문지식이 부족한 소비자가 제조업체의 고의 또는 과실을 입증하여 손해배상을 받기 어렵다는 특징이 있다. 판매자가 아닌 제조업체가 제작·유통한 제조물에 대해 안전을 보장하고 제조물 결함으로 인한 사고에 대해 책임지는 것을 의미한다. 제품결함이 최종 확인되면 제조업체가 배상해야 한다.

제조물책임법 이전에는 제조물 결함에 의한 피해를 입은 소비자가 제조업체를 상대로 손해배상을 청구하기 위해서 제조물의 결함 사실 및 제조물의 결함과 피해의 인과관계를 입증해야 했다. 하지만 제조물책임법이 도입되면서 소비자의 입증 부담은 완화되었다. 제조업체는 제조물에 결함이 없음을 입증하지 못하거나 소비자의 고의 또는 과실이 있었음을 입증하지 못하면 소비자의 피해에 대한 손해배상책임을 면하기 어렵게 되었다.

하자와 결함

물품이나 서비스로 인해 발생할 수 있는 피해는 '하자'와 '결함'이 있다. '하자'란 상품 자체에 흠이 있는 경우이고 '결함'은 상품의 안전성의 문제로 피해가 발생하는 경우이다. 고객이 구입한 물품에 하자가 있는 경우 판매자는 그 하자를 알았든 몰랐든 하자담보책임이 있다. 다만 그 고객이 하자가 있는 것을 알고 샀다면 판매자에게 책임을 물을 수 없다.

만약 TV가 폭발하여 부상을 입었다면 물품에 결함이 있는 것으로 보아 제조물책임법에 의해 피해구제를 받을 수 있다. 제조물책임법은 상품에 결함이 있으면 생산, 유통, 판매 등의 과정에 참여한 자가 책임을 지는 소비자보호제도이다. 제조물 책임을 지는 주체는 주로 제조업자(완성품 제조업체, 부품제조업체, OEM제조업체), 판매업자(소매업체, 도매업체) 그리고 수출입업체나 용역의 제공자가 된다.

제조물책임법상 결함

제조, 설계, 표시상의 결함과 기타 일반적으로 기대할 수 있는 안전성 부족을 결함으로 규정한다. 제조물이 원래 의도했던 설계와 다르게 제조되거나 제조업자가 소비자를 고려하여 안전 설계를 하지 않아 제조물이 안전하지 않을 수 있다. 또한 제조물의 올바른 사용법을 표시하였다면 피해가 발생하지 않을 수 있었는데 표시하지 않은 경우도 결함으로 본다.

결함 구분		내 용
제품 자체	설계상	제품을 개발하는 단계에서 안전하지 못하게 설계하여 생긴 결함
	제조상	제조과정에서 발생한 불량으로, 원자재 불량과 제조과정상의 불량으로 구분
경고 · 표시상		제품 사용에 대한 안내를 제대로 하지 못했거나 사고발생 가능성에 대해 경고하지 않은 것

◆ 제품 결함의 법적인 정의

No.	제조 업체가 책임지지 않는 경우
1	제조업자가 유통시킬 의사가 없는데 도난으로 유통된 경우
2	제조과정에서 발생한 불량으로, 원자재 불량과 제조 과정상의 불량으로 구분
3	법령을 준수하였으나 결과적으로 피해가 발생한 경우
4	결함이 물건 제조업자의 설계나 제작 지시로 발생한 경우 그 원재료나 부품을 제조한 자는 면책된다

◆ 제조업체의 면책 사유

피해자는 원칙적으로 제조물의 결함 사실과 손해 발생 사실, 제조물의 결함과 손해 발생의 인과관계를 입증할 책임이 있다. 제조업자는 제조물에 결함이 없거나 손해의 원인이 제조물 결함이 아닌 다른 데 있다는 것을 입증하면 책임이 없다. 제조물책임법은 제조물의 결함으로 생긴 손해는 제조업자의 고의 또는 과실이 없어도 손해배상을 하도록 규정하고 있다. 대법원도 제조물에 결함이 있는 경우 제조업체의 과실을 추정하는 판결을 하고 있다.

◆ ◆ ◆

유통 중인 제품은 판매업체나 사용설명서를 통해 제품 사용에 관한 주의나 사용방법을 충분히 설명하여 사고를 예방해야 한다.

대책 1 | 품질관리 철저

대책 2 | 소비자 입장에서 적절한 사용 설명서, 주의 안내문
'사용할 때 주의하라고 표시만 됐더라도 사고가 나지 않을 것'이라는 불만사항이 늘어나고 있다. 중요한 내용을 보이지도 않는 작은 글자로 기재하거나 웹사이트 한 구석에 안내문을 게시해놓는 것만으로는 충분한 설명이 될 수 없다.

대책 3 | 고객만족 IT시스템 구축
소비자의 불만 사항을 항상 체크하여 어느 부분에 클레임이 집중되는지 도출하여 대책을 마련해야 한다. IT시스템 도입은 통계파악은 물론 고객담당자의 인사이동이 잦더라도 업무 연속성을 유지하는 데 큰 도움이 되는 장점이 있다.

대책 4 | 리콜과 소송 대책
기업의 입장에서 자발적 리콜이 쉽지 않다. 점차적으로 자발적 리콜을 하는 기업의 이미지가 높아지는 추세이고 소송에 따른 위험부담을 고려하여 신속한 리콜을 결정하는 편이 장기적으로 유리하다.

사회적인 이슈가 발생할 때마다 '진실을 요구하는' 인터넷 카페가 개설되고 '네티즌 수사대'가 활동하는 시대이다. 은폐할수록 진실이 규명되었다는 역사적 교훈을 명심해야 한다.

입증책임 전환과 징벌적 손해배상 도입 논의

제품으로 인한 피해가 발생할 경우 원칙적으로 피해를 입은 사람이 손해를 입증해야 할 책임이 있다. 제조물로 인한 피해의 경우 입증이 곤란하므로 제조물책임법에 의해 피해자의 입증 책임이 완화되어 있다. 한 단계 더 나아가 소비자 보호 강화를 위해 입증책임을 전환하자는 논의가 있다. 입증책임이 전환되면 제품을 제조한 기업이 입증책임을 지게 되어 크게 불리해진다.

징벌적 손해배상제도에 대해서도 마찬가지 논의가 있다. 우리나라도 사업자의 위법·부당한 행위의 재발을 방지하고 실질적인 피해배상을 받을 수 있는 강력한 제재수단으로 징벌적 배상제도를 도입하려는 움직임이 있다. 피해를 입은 소비자에게 충분한 배상이 이루어지지 않고 있어 실질적인 피해배상을 하려는 차원에서의 논의이다. 미국처럼 피해금액의 3배 정도를 손해배상으로 하면 제품 결함이 많이 줄어들 것이라는 기대가 있다.

그러나 기업의 담당자들은 입증책임이 전환되거나 징벌적 손해배상제가 도입되면 기업의 경제활동이 크게 위축될 것이며, 손해배상금을 노린 블랙 컨슈머가 활개 칠 것이라고 우려를 나타내고 있다.

세 벽돌공 이야기

　　세 명의 벽돌공이 있었다. 지나가던 사람이 그중 한 사람에게 "무슨 일을 하고 있느냐"고 물었다. 그 사람은 "보면 몰라? 지금 벽돌 쌓고 있잖아" 하고 말했다. 또 한 사람에게 물었다. 그 사람은 "돈을 벌기 위해 일하고 있다. 돈이 있어야 먹고 살지"라고 대답했다. 마지막 사람에게 무슨 일을 하고 있느냐고 물어보니 "아름다운 성당을 짓고 있다"고 답했다.

　같은 일을 해도 세 사람의 인식이 달랐다. 첫 번째 사람은 단지 일을 하는 일의 노예로 살고 있고, 두 번째 사람은 돈을 위해 일하는 돈의 노예로 살고 있었다. 하지만 세 번째 사람은 자신이 하는 일의 본질을 알고 스스로 일을 하는 삶의 주체로 살고 있었다.

　주어진 일만 하거나 돈을 벌기 위해 어쩔 수 없이 일한다면 전체적인 조화를 이루지 못하고 성당은 제대로 완성될 수 없을지도 모른다. 기업도 마찬가지다. 자신이 무슨 일을 하는지 정확히 알고 일한다면 교묘히 빈틈을 파고드는 블랙 컨슈머의 공격을 막아낼 수 있을 것이다.

감기에 걸리면 감기를 낫게 하기 위해 약을 먹거나 주사를 맞는다. 감기에 걸리지 않기 위해 평소 비타민을 먹거나 운동을 하여 체력관리도 한다. 감기예방을 위해 감기 바이러스를 퇴치하자는 소리는 들어본 적이 없을 것이다.

블랙 컨슈머 문제도 마찬가지이다. 사기꾼을 완전히 없앨 수 없는 것처럼 블랙 컨슈머도 결코 사라지지 않을 것이다. 블랙 컨슈머 문제를 해결하기 위해 특정한 블랙 컨슈머 개인의 성격을 바꿔주려고 하거나 강력한 법을 들이대는 것은 근본적인 해결방법이 될 수 없다. 블랙 컨슈머 문제는 기업의 체력을 강화하고 직원의 문제해결능력을 높임으로써 해결 가능하다.

고객에 대한 진정성을 가지라는 실천하기 어려운 요구보다는 오히려 맡은 일의 목적을 바로 알고 업무를 잘 처리하는 것이 보다 현실적인 문제해결의 방법이다. 고객들은 직원의 억지 미소보다 완벽한 일처리를 원하기 때문이다. 신입사원이라도 일정한 교육만 받으면 능숙하게 블랙 컨슈머를 상대할 수 있어야 한다.

◆ ◆ ◆

기업이 소비자를 무시하지 않고 소비자가 기업의 괴로움을 이해한다면 보다 많은 문제가 해결될 것이다. 감히 '블랙 컨슈머'라는 큰 주제를 논하였는데 입장에 따른 오해가 생기지 않기를 바란다. 이 책을 통해서 기업은 고객의 입장을 몇 번이고 더 생각해보고 소비자는 기업을 한 번쯤 돌아보는 기회가 되기를 희망한다.

참고문헌

- 소비자정보론, 김기옥 · 김난도 · 이승신, 시그마프레스 2004년
- 소비자 트렌드 21세기, 문숙재 · 여윤경, 시그마프레스 2001년
- 소비자행동론, 서성한 · 김준석 · 금웅연, 박영사 2005년
- 소비자상담, 이기춘 외, 교문사 2007년
- 새범죄심리학, 조철옥, 21세기사 2010년
- 형법각론, 백광훈, 법문사, 2009년
- 징벌적 손해배상제의 법리와 도입가능성, 한국법제연구원 2007년
- 현대사회와 범죄, 강맹진 · 김진철, 2007년
- 한국형 PL대책 매뉴얼, 권동명, 21세기북스 2002년
- 제조물책임법 도입과 기업의 대응, 배영일 · 신현암 삼성경제연구소 2002년
- 도요타 리콜사태 1년의 교훈, 권성욱, 김경환, 육진범 한국자동차산업연구소, 2011년 2월
- 형법요론, 신호진, 문형사 2006년
- 윤리적 소비, 천경희 · 홍연금 · 윤명매, 송인숙 시그마프레스 2010년
- 위기관리와 커뮤니케이션, 이연, 학문사 2003년
- e-비즈니스모델에 맞는 eCRM, 김재문, 거름 2001년
- 고객서비스 실무, 일레인 해리스, 김경자 · 이은희 옮김 시그마프레스 2003년
- 국내 기업의 소비자 불만처리 현황과 애로실태 조사, 대한상공회의소 2007년
- 블랙 컨슈머의 세계, 신동아 2011년 2월 25일
- 불황으로 블랙 컨슈머 판친다, 매경이코노미 2009년 4월 1일
- 감정노동-노동은 우리의 감정을 어떻게 상품으로 만드는가, 앨리 러셀 혹실

드, 이가람 옮김, 이매진 2009년
- 감정노동에서 직무소진에 관한 연구, 허지혜, 한양대학교 2011년 2월
- 호텔 종사원의 감정노동이 소진과 직무만족에 미치는 영향, 이유라, 제주대학교 2008년 2월
- 표현 수단으로서의 1인 시위에 관한 탐색적 연구, 이재진·이정기 언론과학연구 2009년 12월
- 건전한 소비문화와 시민의식, 김학희 한국소비자원 2009년 6월
- 억지·폭언 소비자의 문제행동 증가한다, 박현주, 소비자시대 2009년 1월
- 소비자불평행동과정에서 나타나는 소비자의 문제행동에 관한 탐색적 연구, 백병성·박현주 소비자문제연구 제36호 2009년 10월
- 식품에 혼입된 이물(異物)에 대한 제조자의 과실 및 제품 결함의 판단기준과 제조상 결함, 김민동 소비자문제연구 제34호 2008년 10월
- 소비자분쟁해결기준, 공정거래위원회 고시 제2010-1호

블 랙
BLACK CONSUMER
컨슈머 말썽 고객의 행동과 심리에 관한 비밀

ⓒ 이승훈, 2011

1판 1쇄 발행 2011년 10월 1일
1판 2쇄 발행 2013년 11월 15일

펴낸이 | 이승훈
펴낸곳 | 도서출판 북스페이스
등   록 | 제2011-000126호

주   소 | 경기도 고양시 일산서구 킨텍스로 456 후곡107-706
전   화 | 010-6338-6058 070-4103-4727
팩   스 | 0505-405-5000
교육문의 | ubmedia@naver.com

ISBN 978-89-967241-0-0 03320

● 이 책의 내용에 관한 강의 문의는 저자에게 이메일(ubmedia@naver.com)로 문의하시기 바랍니다.
● 잘못 만들어진 책은 구입하신 곳에서 교환해드립니다.